시조로 찾아가는 문화유산

시조로 찾아가는 문화유산

인쇄 · 2016년 9월 1일
발행 · 2016년 9월 7일

지은이 · 신웅순
펴낸이 · 한봉숙
펴낸곳 · 푸른사상사

주간 · 맹문재
편집 · 지순이, 김선도 | 교정 · 김수란
등록 · 1999년 7월 8일 제2-2876호
주소 · 경기도 파주시 회동길 337-16 푸른사상사
　　　서울시 중구 을지로 148 중앙데코플라자 803호
대표전화 · 031) 955-9111~2 | 팩시밀리 · 031) 955-9114
이메일 · prun21c@hanmail.net
홈페이지 · http://www.prun21c.com

ⓒ 신웅순, 2016
ISBN 979-11-308-0972-4 93380
값 22,000원

한국문화총서 11

시조로 찾아가는
문화유산

신웅순

Cultural Heritage Look into a 'Sijo'

푸른사상
PRUNSASANG

이 도서의 국립중앙도서관 출판예정도서목록(CIP)은 서지정보유통지원시스템 홈페이지(http://seoji.nl.go.kr)와
국가자료공동목록시스템(http://www.nl.go.kr/kolisnet)에서 이용하실 수 있습니다.(CIP제어번호: CIP2016018390)

시조의 가락 따라 둘러보는 우리 문화유산

『시조로 찾아가는 문화유산』은『시조는 역사를 말한다』『시조로 보는 우리 문화』의 뒤를 이어 그 연장선상에서 문학, 역사, 문화를 아우르는 읽을거리로 집필한 세 번째 책이다. 첫 번째 책에서는 고려 말에서 조선 성종 대에까지 시조를, 두 번째 책에서는 성종 대에서 임진왜란 이전까지 시조를 당시의 역사와 함께 조명해보았다. 이번『시조로 찾아가는 문화유산』은 임진왜란에서 병자호란 이전까지의 시조 작품을 대상으로 하고 있다.

임진왜란은 유사 이래 최대의 전쟁이었다. 조선 초 막강했던 국방력은 사화와 붕당정치로 16세기에 이르러 크게 약화되어, 사회가 비교적 안정되었음에도 임진왜란, 정유재란, 병자호란 같은 초유의 사태를 맞았다. 내우외환으로 조선은 인구의 격감, 농촌의 황폐, 문화재의 소실, 신분제도의 동요 등 사회 전반에 걸쳐 큰 변화를 겪었다.

이로 인해 많은 선비들은 산림에 묻혔고, 그리하여 발생한 산림문학은 강호 시조, 군은 시조, 자탄 시조, 인격 도야 시조, 인륜 도덕 시조, 교훈적 시조 등 여러 유형으로 나타났다. 특히 임진왜란, 인조반정, 병자호란 등 혼란한 시국을 배경으로 한 우국충정의 시조들이 이 시대의 간과할 수 없는 큰 흐름으로 특징지어진다.

이 시대에는 정철, 성혼, 조헌, 이순신, 이원익, 김장생, 임제, 박인로, 이덕형, 김상용, 신흠, 권필 등과 같은 기라성 같은 문무의 인물들이 나타나 풍전등화인 조선을 지켜냈다.

충은 무엇이고 의는 무엇인가. 효는 무엇이고 자연은 무엇이며 사랑은 또 무엇인가. 이 시대에 우리가 실천해야 할 덕목들이 선인들의 시조 작품 속에 고스란히 녹아 있다. 선인들의 삶도 지금 우리의 삶과 하등 다를 게 없다. 시대를 넘어 오늘날에까지 빛을 남긴 그들에게 우리가 배워야 할 정신은 무엇인가. 이 책을 통해 진지하게 생각해 보았으면 좋겠다.

『시조로 찾아가는 문화유산』은 전작들과 마찬가지로 초등학생에서부터 중고등학생, 성인에 이르기까지 온 국민이 두루 쉽게 읽을 수 있는 인문학적 교양서로 집필되었다. 자칫 무거워 보일 수 있는 주제를 편안하게 읽을 수 있도록 체제를 잡았고, 시조 문학도 공부하고 역사도 공부하는 가운데 문화유산 답사의 길잡이도 될 수 있도록 내용을 꾸몄다. 추사 김정희는 가장 좋은 모임은 부부와 아들 딸, 손자들이 함께하는 것이라고 했다. 가족과 함께 시조 기행을 떠나보는 것도 좋은 추억 여행이 되지 않을까.

이 책을 통해 선인들이 어떠한 격랑의 역사를 살아왔고, 어떻게 세계와 조응해왔으며 어떤 문화를 이루며 살았는가를 우리의 전통 시가인 시조와 함께 읽어보기를 바란다. 그러면서 선인들의 삶을 거울 삼아 오늘을 어떻게 살아야 하고, 내일을 어떻게 살아가야 할 것인가를 한번쯤 돌아보았으면 좋겠다. 오늘은 어제의 역사이고 미래는 오늘의 역사이다. 우리 고유의 전통과 정체성이 점점 스러져가는 시대에, 많은 독자들이 우리 시조와 우리 문화를 더욱 사랑하게 되었으면 좋겠다.

책이 나오기까지 시조와 역사, 문화를 사랑해주신 푸른사상사 한봉숙 대표님께 깊은 감사의 뜻을 표한다. 언제나 멘토가 되어주는 말없는 아내와 두 딸들에게도 고마움을 전한다.

2016년 8월
매월헌에서 석야

차례

박운 「날은 저물고…」

朴雲　1493(성종 24)~1562(명종 17)

　　박운은 중종 명종 때 학자로 자는 택지 호는 용암이다. 본관이 밀양으로 선산 사람이다. 27세에 진사가 되었으나 사화가 잦자 아버지의 명에 따라 출사를 그만두고 학문 연구와 제자 교육에 전념했다. 처음엔 박영의 가르침을, 만년에는 이황의 가르침을 받았다.

　　　　날은 저물고 갈 길은 멀었어라
　　　　천리 만리 어스름하건마는
　　　　가다가 엎어진들 가던 길을 말리야

　　그는 4수의 시조를 남겼다. 제1수 「일모(日暮)」는 학문의 정진을, 제2수부터 제4수까지의 「용암(龍岩)」에서는 삶의 애환을 표현하고 있다.

　　저무는 날은 암담한 현실을, 가야 할 길은 학문 연마의 길을 말한다. 암담한 현실을 바로잡아야 할 학문의 길은 멀다는 것이다. 여기에 천리 만리, 어스름이란 말을 중장에 덧붙여 그 뜻을 강조하고 있다.

　　박운은 『명종실록』에 "중이 된 자 중에 행실을 닦고 학문이 정(精)한 자가 있다면 그로 하여금 그 도를 보전하도록 해야 한다"는 상소를 올려

용암박운효자정려비(龍巖朴雲孝子旌閭碑) · 경상북도 유형문화재 제363호, 경상북도 구미시 해평면 괴곡리 213 소재.

비난을 받았다는 기록이 있다(명종 5년 12월 24일 계미 첫 번째 기사). 그는 재야 선비였으나 이렇게 학문 연구뿐만 아닌 조정의 일에도 관심을 가지고 있었다. 정치적 주장을 상소를 통해서 밝히는 것이 선비의 임무라고 생각했던 것 같다. 그 길을 가다가 엎어지더라도 그만둘 수는 없다는 것이다. 학문으로 일생을 보냈던 선비의 의지가 잘 표현된 시조이다.

선조 13년(1580) 정려가 하사되었으며, 경상북도 구미시 해평면 괴곡리 고리실에 효자 정려비가 세워졌다. 비석 앞면에 '효자성균진사박운지려(孝子成均進士朴雲之閭)'라 새겨져 있으며 석봉 한호가 글씨를 썼다고 전해지고 있다.

그는 어려서부터 효심이 지극하여 항상 어머니를 곁에 모시며 시중을 들었으며 사후에는 3년간 시묘살이를 했다. 임종할 때 어머니가 외를 찾았으나 겨울이라 구해드리지 못해 평생 외를 입에 대지 않았다는 일화가

시조로 찾아가는 문화유산

전해지고 있다.

명경신당은 박운의 서재로 거울처럼 맑게 마음을 다스린다는 뜻이다. 그의 고향인 해평 고리실에 지은 서재가 임진왜란 때 불타 없어졌다. 그 후손인 박률이 이를 새로 지어 명경신당이라 이름을 붙였다. 『여헌집』의 「명경신당제사」는 장현광이 부친 글이다.

다음은 그 글의 일부이다.

> 네가 선대의 뜻을 쫓아 이 명경당을 지은 것은 참으로 훌륭하다. 그러나 내가 생각해볼 때 선친의 뜻을 드러내고 일을 후손에게 전하는 사업이 어찌 당을 새롭게 짓는 일뿐이겠느냐. 진실로 중요하고 큰 일은 따로 있다.
>
> 용암 선생이 저술한 『자양심학지론』은 바로 마음을 다스리는 큰 요체이고 『격몽편』과 『경행록』은 모두 평소 생활에서 반드시 돌아보아야 하는 소중한 내용이다. 또한 『삼후전』은 사내대장부가 뜻하고 숭상하는 것을 간절하게 밝혔고 『위생방』 역시 혈기를 지닌 사람이라면 반드시 살펴보아야 한다. 용암 선생이 남긴 가르침을 실추시키지 않는 것이야말로 이 명경당에 거처하면서 네가 해야 할 가장 중요하고 큰 일이 아니겠는가. 내가 비록 늙어서 어리석지만 이렇게 말을 끝마치는 이유는 그 뜻이 결코 얕거나 가볍지 않기 때문이니 너는 부디 노력하거라.

용암박운효자정려비

경북 구미시 해평면 괴곡리
213

시조로 찾아가는 문화유산

홍춘경 「주렴을 반만 걷고…」

洪春卿　　1497(연산군 3)~1548(명종 3)

주렴을 반만 걷고 벽해를 굽어보니
십리파광(十里波光)이 공장천일색(共長天一色)이로다.
물 위에 양양백구(兩兩白鷗)는 오락가락하더라

　강원도사로 나갔던 30대 후반 아니면 황해도 관찰사로 나갔을 때인 40대 중반에 지었을 것으로 보인다. 자연을 바라보며 호쾌하고 유연한 기상을 노래했다.

　중장의 '공장천일색'은 왕발의 시 「등왕각서」의 한 구절 "가을물과 높은 하늘은 공히 같은 색이다(秋水共長天一色)"에서 따왔다. 이 시구는 이백의 시 「망여산폭포」의 "날아 떨어지는 물이 삼천 척이나 되니(飛流直下三千尺)"와 함께 인구에 회자된 명구 중의 명구이다.

　주렴을 반만 걷고 벽해를 굽어보니 십 리에 펼쳐진 물결의 빛이 하늘빛과 어울려 공히 푸른색이로다. 바다 위의 갈매기는 쌍쌍이 놀며 오락가락하더라. 정쟁으로 지새는 조정을 떠난 해방감을 이리 표현했을 것이다.

낙화암 · 충청남도 문화재자료 제110호, 충청남도 부여군 부여읍 쌍북리 소재.

사진 출처 : 문화재청

홍춘경은 중종 때의 문신으로 호는 석벽, 본관은 남양이다. 성절사로 명나라에 다녀왔으며 중종의 지문을 지었다.

궁중에 불온문서 사건이 일어났다. 김안로는 박귀인의 소행이라고 단정하여 그를 하옥시켰다. 사간인 송순은 혼자서 그 불가함을 논하다가 배척당했다. 홍춘경은 송순을 구출하려다 옥에 갇혔다. 이처럼 그의 성품은 강직했으며 권세에 굽히지 않았다. 권세가의 집을 찾은 일이 없으며 내왕하는 이는 송인수뿐이었다.

『국조인물고』는 그를 다음과 같이 말하고 있다.

배불리 먹고 조용히 앉아서 사립문을 닫고 지냈고, 권세가나 신분이 귀한 사람의 집에 찾아가지 않았으며, 남들도 또한 공의 집에 찾아오지 않았다. 서로 알고 지낸 사람은 오직 규암 송

시조로 찾아가는 문화유산

인수뿐이었는데, 공이 규암을 찾아다닌 것이 아니라 규암이 반드시 공을 찾아왔다. 규암이 화를 범하자 친구들조차 그와 교유를 끊고 소식을 묻지 않는데, 유독 공은 과감하게 조정에 있으면서 몹시 마땅찮게 여기어 말하기를, "내가 늙어가더라도 석벽(石壁)은 남아 있다"고 하고는, 그 일로 인하여 '석벽'이라고 자호하였다. 공은 물욕이 없어서 영위하는 것이 없었고, 오직 서사(書史)에 마음을 부치어 잠시도 눈을 떼지 않았으며, 문학으로 이름이 있었지만 또한 스스로 뛰어난 체하지 않았다.

글씨에 뛰어나 김생체에 능했고 시조 한 수가 전한다

그는 아들 홍천민, 손자 홍서봉에 이르기까지 삼대호당을 누린 명문가이다. 호당은 조선 세종 때부터, 학문에 뛰어난 문관에게 특별휴가를 주어 오로지 학업을 닦게 한 서재를 이르는 말이다.

홍춘경의 한시 작품으로 회고가 「부소낙화암(扶蘇落花巖)」이 알려져 있다.

나라가 망하니 산하도 예와 다른데
홀로 흐르는 강 위의 달은 몇 번을 차고 졌을까
낙화암 절벽의 꽃들은 아직도 피어 있는데
당시의 비바람이 다 쓸어가지 않았구나

낙화암

충청남도 부여군 부여읍
쌍북리

송인 「들은 말 즉시 잊고…」

宋寅   1516(중종 11)~1584(선조 17)

들은 말 즉시 잊고 본 일도 못 본 듯이
내 인사 이러하매 남의 시비 모를로다
다만지 손이 성하니 잔 잡기만 하노라

내 들은 말도 즉시 잊고 내 본 일도 못 본 듯이, 내 인사 이러함에 남의
시비 모르노라. 다만 손은 성하니 술이나 마시면서 살아가노라. 당파싸
움으로 해가 뜨고 지던 때 그만의 처세법을 이렇게 노래했다. 술잔이나
기울이는 것 외 달리 없다. 없는 말도 만들어내는 때였으니 말 하나, 행
동거지 하나 조심스럽기 짝이 없다.

송인은 중종의 셋째 서녀인 정순옹주와 결혼하여 여성위(礪城尉)가 되
었다. 왕의 외척, 부마는 정계에 제대로 나갈 수가 없다. 풍류를 즐기는
일과 술로 세상을 달래는 일이 그가 할 수 있는 전부였다.

이셩져셩하니 이론 일이 무스 일고
흐롱하롱하니 세월이 거의로다
두어라 기의기의(己矣己矣)여니 아니 놀고 어이리

송인이 글씨를 쓴 남원 황산대첩비 · 사적 제104호, 전라북도 남원시 운봉읍 가산화수길 84 소재

높이 4.25미터로 이성계가 왜구를 무찌른 것을 기념하는 승전비이다. 선조 10년(1577) 호조판서 김귀영이 왕명으로 비문을 짓고 여성군 송인이 글씨를 썼으며, 따로 운봉현감 박광옥이 구체적인 전투 경과를 기술하여 황산대첩사적비를 세웠다. 일제 때 조선 정기를 없앨 목적으로 일본인들에 의해 폭파되었으나 1957년에 귀부와 이수를 이용하여 중건하였다.　　　　사진 출처 : 한국금석문 종합영상정보시스템

　　　　　　　　　　　　　　　　　시조로 찾아가는 문화유산

이렁저렁하니 이룬 일이 무슨 일인가. 허룽허룽하니 세월 이미 지나갔도다. 두어라, 이미 지나가고 또 지나갈 뿐이니 아니 놀고 어이하리.『청구영언』에서 우조이수대엽,『가곡원류』에서는 우조중거로 불렸으며, 계면이수대엽으로도 불렸던 가곡이다.

석개(石介)는 송인의 집에서 빨래하는 세답비였다. 그는 석개의 음악적 재능을 알고 그에게 공부의 길을 열어주었다. 석개는 당대 장안의 여류 명창이 되었다. 박지화의『수암집』, 심수경의『견한잡록』, 유몽인의『어우야담』, 신흠의『상촌집』, 허균의『성소부부고』에 그 이름이 전하고 있다.

다음은『어우야담』에 전하는 이야기이다.

> 석개는 여성군 송인의 계집종이다. 얼굴이 늙은 원숭이 같고 눈은 좀대추나무로 만든 실같이 작았다. …(중략)… 석개는 우물에 가서 나무통을 우물 난간에 걸어놓고 종일 노래만 불렀다. 그녀의 노래는 곡조를 이룬 것이 아니라 나무꾼과 약초 캐는 아녀자들이 부르는 노래 같은 것이었다. 그러다가 날이 저물면 빈 나무통을 가지고 돌아왔으니 매를 맞아도 그 버릇이 고쳐지지 않고 그 다음 날도 또 그와 같았다. 그래서 약초를 캐 오라고 시키며 광주리를 들려 교외로 내보냈더니 그녀는 광주리를 들판 가운데 놓아두고 작은 돌멩이를 많이 주워모아 노래 한 곡을 부른 뒤 돌멩이 하나를 광주리에 집어넣었다. 이렇게 해서 광주리가 돌로 가득 채워지면 이제는 노래 한 곡이 끝날 때마다 광주리 속에 있던 돌을 하나씩 들에 내던졌다. 광주리에 돌을 가득 채웠다가 다시 밖으로 쏟아붓는 것을 하루면 두세 차례 반복하다가 날이 저물면 빈 광주리를 가지고 돌아오는지라 매를 맞았는데도

그 버릇이 고쳐지지 않고 다음 날도 또 마찬가지였다.

　여성군이 석개 이야기를 듣고 기이하게 여겨 그녀로 하여금 노래를 배우게 하였는데 그녀는 장안에서 제일 가는 명창이 되어 근래 100여 년 동안 그녀만 한 명창이 존재하지 않았다.

　허균은 "노래로는 기생 영주선과 송여성의 여종 석개를 모두 제일이라 하였다"고 한다. 심수경은 『견한잡록』에 석개에 대해 다음과 같이 말했다.

　여성군 송인의 비(婢) 석개는 가무를 잘하여 당시에 견줄 만한 이가 없었는데, 영의정 홍섬이 절구 세 수를 지어주고 좌의정 정유길, 영의정 노수신, 좌의정 김귀영, 영의정 이산해, 좌의정 정철, 우의정 이양원과 내가 연이어 화답하고, 기타 재상들도 많이 화답해서 드디어 큰 시첩이 되었다. 천한 여자의 몸으로 여러 명상들의 시를 얻었으니, 빼어난 예술이야 어찌 귀하지 않으리오.

　세답비 석개는 여러 명상들의 시를 얻었다. 심수경도 석개의 높은 예술을 칭송했다.

　그녀는 음악사에 이름을 남겼다. 천비로서 신화적인 인물이 되었다. 풍류를 즐겼던 송인이 있었기에 가능한 일이었다.

　송인의 동호 수월정은 석개의 노래 무대였다. 동호는 지금의 동호대교 근처 한강의 폭이 넓어지는 일대이다. 그 북안에 송인의 수월정이 있었다. 이곳에 몽뢰정, 쌍호정, 황하정 같은 정자들이 있었으나 지금은 찾아볼 수 없다. 옛 문집에서나 추억을 더듬을 수밖에 없다. 송인 사후에도 석개는 여러 문인과 함께 수월정에서 풍류를 즐겼다.

이홍남, 임제는 묘적산의 아침 구름(妙寂朝雲), 청계산의 저녁 비(淸溪晚雨), 한강의 가을 달(漢江秋月), 아차산의 갠 눈(峨嵯霽雪), 용문산의 푸른 산빛(龍門聳翠), 전교의 들판(箭郊平蕪), 저자도의 돌아가는 배(楮島歸帆), 사평의 나그네(沙平行客) 등 팔경시를 지어 수월정의 빼어난 경치를 읊었다.

이식은 송인의 「시장」에서 "중년에 한강가에서 정자를 지어 수월(水月)이라 편액하였는데 그의 뜻이다. 날마다 시인 묵객들을 맞아서 술을 마시고 노래를 부르면서 함께 즐겼다. 이에 수월정의 빼어남이 온 나라에 떨치게 된 것이다"라고 수월정에서의 풍류를 묘사했다. *

신흠은 「동호 수월정에서 노닐면서」라는 시의 서문에서 송인을 이렇게 말하고 있다.

> 7월 기망에 태징(이수준) 등 여러 사람들과 한강의 달빛 아래 배를 띄웠다. 그리고 수월정에 올라서 두 밤을 자고 돌아왔다. 동양위(신익성)도 따라왔다. 정자는 부마 여성위 송인의 별업(別業)이다. 여성위는 문장과 덕망으로 당시에 높이 드러났고 특히 서법에 뛰어나 오흥 사람 조맹부의 오묘함을 터득하였다. 당시의 금석에 새기는 문자는 모두 그의 손을 빌렸다. 나 또한 그를 만나본 적이 있는데, 위용이 엄중하고 미목이 그림처럼 수려하여 정말 고귀한 자태를 지니고 있었다. 집에 가기 석개를 데리고 있었는데, 옛날로 치면 고대에 노래로 뛰어난 진청(秦靑)과 같은 부류다. 여성위가 이미 이 빼어난 정자를 소유한 데다 노래를 잘하는 기생의 즐거움까지 누리게 되었으니, 태평시대에 청복을

---

* 　이종묵, 『조선의 문화공간 2』, 휴머니스트, 2006, 253쪽

누리며 부귀로 생을 마쳤다 하겠다.

송인은 글씨에 능했다. 오흥의 필법을 받아 해서를 잘 썼는데, 이황이 어떤 사람으로부터 비문을 써달라고 부탁하자 다음과 같이 이야기하며 송인을 추천한 바 있다. "비문은 제일 잘 쓰는 사람에게서 받아야 하는데 송인과 성수침보다 나은 사람은 없다. 그러나 성수침의 글씨는 힘은 있으나 허술한 곳이 있으므로 송인이 가장 좋을 것이다." 송인은 산릉의 지와 궁전의 액으로부터 사대부의 비갈에 이르기까지 많은 글과 글씨를 남겼다.

양주의 덕흥군대원군신도비, 송지한묘갈, 남원의 황산대첩비, 부안의 김석옥묘비, 여주의 김공석묘갈, 남양의 영상홍언필비, 광주의 좌참찬심광언비 등이 전한다.

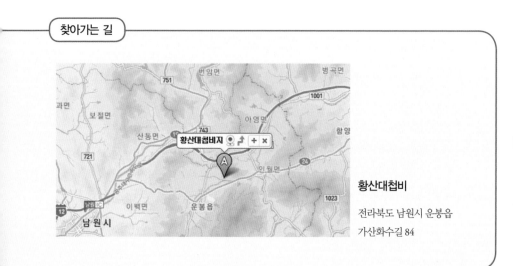

찾아가는 길

황산대첩비
전라북도 남원시 운봉읍
가산화수길 84

시조로 찾아가는 문화유산

이숙량 「부모 구존하시고…」

李叔樑　　1519(중종 14)~1592(선조 25)

『분천강호록(汾川講好錄)』은 농암 이현보의 여섯째 아들 이숙량이 가문의 법도를 세우기 위해 '사마씨삭망의'의 절차와 규약을 담은 책이다. 사마씨삭망의는 매월 초하루 보름마다 가족 구성원 간의 기본 윤리와 생활 규범 등을 익히기 위한 가례 의식이다. 집안 자제들은 『분천강호록』에 적힌 효부모, 우형제, 화친척, 목인보 등 4개 조항을 공부, 이 삭망의의 절차를 마무리하면서 노래를 불렀다. 이것이 6연의 「분천강호가」이다.

　　　　부모 구존하시고 형제 무고함을
　　　　남에게 이르되 우리 집이 갖다터니
　　　　어여쁜 이내 한 몸은 어디 갔다가 모르뇨

　　부모님 살아 계시고 형제가 무고하다는 것을 우리 집이 갖췄다고 말하는데 불쌍한 이 내 몸은 어디를 가서 이것을 모르는가? 부모형제가 단란하게 지내는 즐거움을 말하고 있다. 자신은 공부하느라고 떠나 있어 이 즐거움을 누리지 못했음을 아쉬워하고 있다.

『정동면예시일록』· 보물 제1202호(이현보 종가 문적), 경북 안동시 태사길 69-7 소재

정조 때 농암 이현보의 묘를 이장할 때의 사실을 적은 일기.　　　사진 출처 : 문화재청

　　부모구존, 형제무고는 맹자의 '군자삼락' 중에 나오는 말이다. "부모
가 모두 생존해 계시며 형제가 무고한 것이 첫째 즐거움이요(父母俱存 兄
弟無故 一樂也), 우러러 보아서 하늘에 부끄럽지 않으며, 굽어보아서 사
람에게 부끄럽지 않은 것이 둘째 즐거움이요(仰不愧於天 俯不怍於人 二樂
也), 천하의 영재를 얻어 교육하는 것이 셋째 즐거움이니라(得天下英才而
敎育之 三樂也)"라고 하였다.

　　　　부모님 계신 제는 부몬 줄을 모르더니
　　　　부모님 여읜 후엔 부몬 줄 아노라
　　　　이제사 이 마음 가지고 어디다가 베푸료

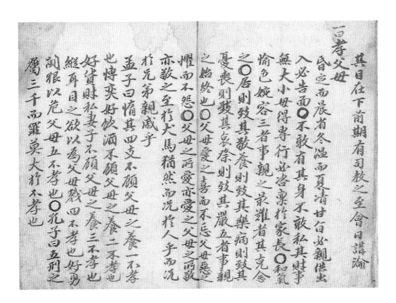

『**분천강호록**』· 보물 제1202호(이현보 종가 문적), 경북 안동시 태사길 69-7 소재

효부모, 우형제, 화친척, 목인보 등 4개 조항을 골자로 매월 초하루와 보름에 정침에 모여 경전을 강론하고 우호를 다졌다.　　　　　　　　　　　　　　　사진 출처 : 문화재청

부모의 사랑을 살아생전에는 느끼지 못하다가 돌아가신 후에야 부모인 줄 절감하는 자식의 마음을 실감 있게 표현하고 있다. 이제사 부모의 사랑을 어디엔가에게 베풀 것이라고 말하고 있다. 부모가 돌아가신 후이니 37세 이후에 지었다.

> 형제 열이라도 처음은 한 몸이라
> 하나이 열인 줄을 뉘 아니 알리마는
> 어떻다 욕심에 걸려 한 몸인 줄을 모르느뇨

이현보의 적실 소생은 6남 1녀, 측실 소생은 2남이다. 형제가 많아도 다 부모의 정기를 받고 태어난 몸이니 욕심 때문에 우애를 상하게 해서는 안 된다고 말하고 있다. 형제우애를 강조하고 있다.

이숙량은 이황의 문하에서 공부했으며, 문장과 글씨에 뛰어났다. 25세에 진사시에 합격했으나 출사하지 않고 성리학 연구에만 전념했다. 평생 처사로 지냈으며 후일 왕자사부에 임명되었으나 부임하지 않았다. 선조는 그의 가문에 친히 '적선지가 필유여경(積善之家 必有餘慶)'이란 여덟 자를 써서 하사하였다. 임진왜란 때에는 격문을 지어 의병을 궐기, 영남 우도 지역 방어에 큰 공을 세우기도 하였다. 난중에서 죽었으며 대구의 연경서원에 제향되었다.

이숙량의 「분천강호가」는 이황의 「도산십이곡」, 권호문의 「독락팔곡」을 계승했다. 이 작품들은 영남 가단을 이끈 아버지 이현보의 「농암가」 「어부가」로부터 비롯되었다. 송순, 정철, 윤선도의 호남 가단과 더불어 조선 후기 한국 문단을 더욱 풍요롭게 했다.

이후백 「평사 낙안하고…」

李後白   1520(중종 15)~1578(선조 11)

평사 낙안하고 강촌에 일모로다
어선도 돌아오고 백구 다 잠들 적에
빈 배에 달 실어가지고 강정으로 오노라

황학루 저 소리 듣고 고소대에 올라가니
한산사 찬 바람에 취한 술 다 깨거다
아이야 주가하처(酒家何處)요 전의고주(典衣沽酒)하리라

청련 이후백이 열다섯 살 때 백부와 함께 섬진강에서 뱃놀이를 했다.
백부의 권유에 따라 「소상팔경」 시조를 지었다. 이것이 서울에 전파되어
악부에까지 올랐다. 위 2수는 두 번째, 여덟 번째의 수이다.

송나라 송적의 그림 〈소상팔경도〉의 경치를 상상하며 지었다. 소상팔
경은 양자강 지류 소수와 상수가 합쳐진 동정호의 아름다운 경치를 말한
다. 평사낙안(平沙落雁, 모래사장에 앉은 기러기), 원포귀범(遠浦歸帆, 먼
포구에서 귀환하는 돛단배), 산시청람(山市晴嵐, 산속 저자에서 피어나는
푸른 남기), 강천모설(江天暮雪, 강가에 저녁 무렵 내리는 눈), 동정추월

(洞庭秋月, 동정호에 뜬 가을 달), 소상야우(瀟湘夜雨, 소수와 상강에 밤에 뿌리는 비), 연사만종(煙寺晚鐘, 안개 낀 사찰에서 들리는 저녁 무렵의 종소리), 어촌석조(漁村夕照, 어촌의 저녁에 비치는 석양) 등이다.

둘째 수는 소상팔경의 평사낙안을 상상하며 표현했다. 섬진강 모래밭에 기러기 내리고 강마을에 날이 저물고, 고기잡이 배도 돌아오고 갈매기도 잠든 밤, 빈 배에 달을 싣고 강가의 정자로 돌아오노라. 섬진강의 아름다운 저녁 풍경을 평사낙안에 빗대어 노래했다.

여덟째 수는 중국 호북성 황학루와 강소성 고소대를 상상하며 지었다. 황학루는 악양루, 등왕각과 함께 중국 강남 3대 명루의 하나이다. 황학루는 촉의 비위가 신선이 되어 황학을 타고 와 쉬었다 하여 붙여진 이름이다. 최호의 작품 「황학루」로 유명해진 누각으로, 이백이 황학루에 올라 즐기고 있다가 최호의 시를 보고는 찬탄을 금치 못했다 한다. 이백 역시 장강의 그림 같은 풍경을 시로 쓰고자 하였으나 최호의 경지를 뛰어넘지 못함을 한탄했다. 그리고는 배를 타고 강남으로 떠났다. 최호가 지은 「황학루」는 다음과 같다.

옛 사람은 황학을 타고 이미 떠났고
이곳에는 덧없이 황학루만 남았구나
황학은 한 번 떠난 후 다시 돌아오지 않고
흰 구름만 천년 그대로 허공에 유유히 떠도네
맑은 강에는 한양의 나무숲은 뚜렷이 비치고
앵무주에는 향긋한 풀만 무성히 자랐구나
날은 저무는데 내 고향은 어드멘가
안개 낀 강가의 언덕 나그네를 시름겹게 하는구나

작자 미상, 〈소상팔경도〉 병풍 · 보물 제 1864호, 경상남도 진주시 남강로 626-35 국립진주박
물관 소장

16세기경, 종이에 먹. 상단 좌에서 우로 원포귀범, 어촌석조, 연사만종, 산시청람. 하단 좌에
서 우로 강천모설, 평사낙안, 동정추월, 소상야우　　　　　　사진 출처 : 국립진주박물관

　　고소대는 강소성 소주부에 있는 누대이다. 오왕 부차가 월왕 구천을
치자 구천은 항복하고 미인 서시를 바쳐 부차에게 퇴각의 길을 열어달라
고 간청하여 허락을 받았다. 부차는 서시를 극히 총애하여 그녀를 위해
고소대를 지었는데 향락에 빠져 결국 월나라 군사의 침입을 받아 망했
다. 흥망성쇠의 무상함과 인간사의 덧없음을 상징하는 절경으로 유명한
유적이다.

　　한산사는 소주성 밖 풍교진에 있는 절로 당나라 장계의 시「풍교야박
(楓橋夜泊)」으로 유명해진 명소이다.

　　　　　달 지고 까마귀 울고 밤하늘엔 서리 가득한데

강변의 단풍나무 고깃배 등불 마주하고 시름 속에 잠들었네
고소성 밖 한산사
한밤중의 종소리가 객선까지 들려오네

　황학루 피리 소리를 듣고 고소대에 올라가니 한산사 찬바람에 술이 다 깨는구나. 섬진강 강바람을 맞으며 황학루, 고소대를 상상하며 지었다. 그리고 아이를 불러 술집이 어디냐고 묻고 옷을 전당 잡혀 술을 사러 보내겠다고 하였다. 이는 이태백을 비롯한 중국 시인들의 낭만적 흥취를 보여주는, 한시에 자주 등장하는 고사이다. 그것을 차용했다.

　「소상팔경」은 이후백이 지은 8수의 연시조로 그의 문집 『청련집』에 전하고 있다.

> 　이조판서가 되어서는 일체 공평한 도를 펼쳐 다른 사람들이 관직을 구하러 갔더니 공이 개인 장부를 꺼내서 보여주며 말하였다.
> 　"처음에 나는 공에게 관직을 제수하려고 기록하였다오. 그런데 그대가 관직을 구하다니 애석하구려!"
> 　드디어 붓을 들어 기록해주었던 곳을 한번에 지워버렸다. 이로부터 사사로이 관직을 구하는 자가 없게 된지라 공의 문과 뜰은 몹시 적막하여 거마의 드나듦이 없었다.
>
> 유몽인, 『어우야담』

　공이 소싯적에 이기가 강진으로 귀양을 왔는데 당시 사람들이 이기가 학문을 잘한다고 일컬었다. 그래서 공이 가서 배웠는데 머문 지 며칠 만에 바로 돌아와버렸다. 사람들이 까닭을 물었더니, 말하기를, "내가 며칠 동안 그의 마음 씀과 행하는 일을 보고 그냥 돌아왔다"라고 하였다. "어떻기에 그랬는가?" 하고 물

으니, 말하기를 "아무리 작은 일이라도 하나같이 모두 비밀에 붙여 남이 알지 못하게 하는데, 군자의 마음씨가 어찌 그럴 수 있는가?"라고 하였다.

『국조인물고』

이후백의 청렴하고 고귀한 성품을 엿볼 수 있는 일화들이다.

이후백의 호는 청련으로 어려서 부모를 여의었다. 열다섯 살까지 큰아버지 집에 살다 할머니를 따라 강진으로 이주해 살았다. 예조참의, 홍문관부제학, 호조판서 등을 지냈으며 문장이 뛰어나고 덕망이 높아 사림의 추앙을 받았다. 함흥의 문회서원에 제향되었고, 시호는 문청이다.

옥매 한 가지를 노방이 버렸거든
내라서 거두어 분 위에 올렸더니
매화이성랍(梅花已成臘)하니 주인 몰라 하노라

청련은 백련 문익주를 추천하여 태인현감 등 세 번이나 군수를 하게 했다. 벼슬에 나간 후에는 일절 내왕이 없어 이 노래를 지어 염량세태를 풍자했다. 함축과 상징을 이용한 흥(興)의 수법이다. 표면적으로는 매화를 읊고 있지만 속뜻은 사람을 가리키고 있다. 초장의 버려진 옥매는 벼슬에 나가지 못한 친구 문익주를 지칭한다. 그냥 매화를 읊었다면 종장의 '주인 몰라 하노라'와 연결되지 않는다.

중장에서는 버려진 매화를 주워다가 화분에 심었다는 말은 벼슬에 나가지 못한 친구를 벼슬길에 오르게 했다는 말이다. 종장에서는 섣달이 되어 꽃을 피운 매화가 화분에 심어준 주인을 모른다고 한탄하고 있다. 한 번도 찾아와주지 않는 친구의 무정함을 은근히 풍자하고 있다.

추상에 놀란 기러기 섬거온 소리 마라
가뜩에 님 여의고 하물며 객리로다
어디서 제 슬허 울어 내 스스로 슬흐랴

자신의 주관적 감회를 토로한 작품이다. 가을 서리에 놀란 기러기 울음을 듣고 나약한 소리 하지 마라. 가뜩이나 임과 이별하고 객지에 홀로 떨어져 있는데, 어디서 기러기는 제가 서러워 우는가, 내 스스로 더욱 슬퍼지는구나. 중장에서 자신의 심정을 추스르고 종장에서는 자신의 심정을 고스란히 드러내고 있다.

청련이 29세 때 자신을 돌보아주었던 할머니가 돌아가셨다. 참으로 애통해했다. 말년에 동향 친구 옥계 노진이 죽자 몹시 애통해했다. 조상하고 돌아온 다음 날 그도 따라 죽었다.

살면서 이런저런 이별의 아픔, 인생사들이 오롯이 이 시조에 담겨 있다.

찾아가는 길

국립진주박물관

경상남도 진주시 남강로
626-35

이양원 「높으나 높은…」

李陽元　　1526(중종 21)~1592(선조 25)

높으나 높은 남게 날 권하여 올려두고
이보오 벗님네야 흔들지나 말으되야
나려져 죽기는 섫지 아니되 님 못 볼까 하노라

　높으나 높은 나무에 나를 권하여 올려두고, 이 보오 벗님네야 흔들지
나 말아주오. 떨어져 죽는 것은 서럽지 않으나 님 못 볼까 그것이 두렵
노라.

　임란 후 그가 우의정이 되었을 때에 짓지 않았나 생각된다. 권모술수
가 판을 치는 사회, 정치사회 같은 데에서 흔히 볼 수 있는 일이다. 정승
의 지위에 올랐으나 간신배들의 모함과 당쟁 수단으로 이용됨을 개탄한
시조이다.

　선조 당시 대부분의 사류들이 동서로 분당되었으나 그는 끝까지 중립
을 지켰다. 왕이 이를 가상히 여겨 종친인 이양원에게 주연을 베풀어주
기까지 하였다. 이양원은 조선 중기의 문신으로 정종의 아들인 선성군
무생의 현손이다. 호는 노저이며 퇴계의 문인이다. 1563년 호조참의가

되었고, 종계변무사의 서장관으로 뽑혀 명나라 사신 일행으로 가게 되었다. 이때 종계변무사였던 예조참판 김주가 갑자기 명나라에서 병으로 죽었다. 서장관이었던 이양원이 그 직무를 대행할 수밖에 없었다.

종계변무는 조선 개국 초부터 선조 때까지 약 200년간 잘못 기록된 조선 태조 이성계의 종계를 명나라에게 시정해줄 것을 주청한 사건이다. 조선 태조 이성계의 아버지가 고려의 권신 이인임으로 잘못 기재된 명나라 『태조실록』과 『대명회전』의 내용을 바로잡는 일이었다. 조선 조정에서 수차례 시정해달라 요청했으나, 명나라는 이를 묵살한 채 고쳐주지 않았다.

이양원은 조선왕조의 오랜 숙원이었던 『태조실록』과 『대명회전』에 오기된 이성계의 종보를 바로잡고 돌아왔다. 이에 광국공신 3등 책록과 함께 한산부원군에 봉해지고 우의정에 발탁되었다.

1592년 임진왜란이 일어나자 해유령(현 경기도 양주시 백석읍 연곡리)에서 전공을 세워 영의정에 올랐다. 이때 의주로 피난갔던 선조가 요로 건너갔다는 유언비어를 듣고 진중에서 8일간 단식하다 피를 토하고 죽었다. 향년 66세였다.

『국역연려실기술』에 이양원에 대한 이런 기록이 있다.

> 이양원은 성품이 충후하고 박학하였으며, 흑백논쟁에 편당되지 않았다. 일찍이 왕이 베푼 밤 모임에서 왕이 술을 권하며, "까마귀야 검지 말라, 백로야 희지 말라 흑백이 어지럽다. 수리야 너는 어찌 검지도 희지도 않느냐?"라며 이른바 아로가를 지어 부르고, 공에게 화답하기를 청하니, 이양원은 "붉다 하여도 내 아니오, 푸르다 하여도 내 아니라, 붉고 푸름의 눈부심도 내 고움이 아니거늘, 님은 어찌하여 날 몰라보고 물었다 하시

　　　　　　　　　　시조로 찾아가는 문화유산

해유령전첩기념비 · 경기도기념물 제39호, 경기도 양주시 백석읍 연곡리 산38 소재

해유령은 임진왜란 때 육지전에서 최초로 승리를 거둔 곳이다. 전공을 세우고도 모함을 당하여 죽은 신각을 기리기 위하여 1977년 4월 21일 전첩비를 세웠다. 선조 25년(1592) 4월 왜적들이 한양을 점령하고 북으로 향하자 당시 부원수 신각은 유도대장 이양원, 함경병사 이혼과 함께 5월 중순 왜적의 선봉부대를 격퇴하였다. 신각은 전투 전에 임진강으로 달아났던 팔도도원수 김명원의 모함에 의하여 참형당하였다.

사진 출처 : 두산백과

오!" 하고 화답했다. 이에 왕은 그의 진심에 편당됨이 없음을 알

고 더욱 어질게 여겼다.

청동제이양원발원명대발(靑銅製李陽元發願銘大鉢)

몸체에는 음각으로 화려한 연꽃과 연밥을 새겼으며 손잡이 위에는 '我太祖創元百七十五年辛卯光國三等漢陽府院君臣李陽元'이라는 명문이 새겨져 있다. 1590년 종계변무의 공으로 광국공신 3등으로 봉해진 다음 해 1591년에 제작되었다. 문양의 의미를 보아서 공신으로 봉해진 기념으로 어느 사찰에 이 기물(器物)을 시주한 것으로 보인다. 사진 출처 : 네이버 지식백과

　선조대왕의 「아로가(鴉鷺歌)」에 이양원은 「주록가(朱綠歌)」로 화답했다. 선조는 당론을 초월함을 알고 그에게 국사의 중임을 맡겼다. 이 일로 이양원은 스스로 호를 노저라 했다. 모래톱의 백로라는 뜻이다. 『조선해어화사』에 다음과 같은 이야기가 전해오고 있다. 그가 어떤 성품인지 알

　　　　　　　　　　　　시조로 찾아가는 문화유산

수 있게 해주는 대목이다.

　　일찍이 평안감사가 되어 순행 나갈 때 부인에게 말했다.
　　"이곳 연광정은 경치가 빼어나니 서윤의 내실과 함께 한번 가
보도록 하시오. 이름 있는 정자에 가게 되면 기악이 없을 수는
없소."
　　그리고 첩에게 일렀다.
　　"네가 모시고 가라."
　　순행을 마치고 감영으로 돌아왔다. 부인은 서윤의 내실과 함
께 어울렸고 첩은 병을 핑계로 가지 않았다. 의심스러워 집안 사
람들에게 물어보았다. 첩은 이날 거문고와 노래 잘하는 기생을
가려 다른 곳에서 혼자 즐겼다는 것이다.
　　첩을 불렀다.
　　"네가 가지 않은 것은 필시 여러 사람이 모인 자리에서 부인
의 시자가 되어 서윤의 내실에게 굽히기를 싫어한 것이리라. 그
리고 부인이 풍악을 하는데 네가 어찌 감히 따로 모임을 가졌
느냐? 이 같은 버릇이 커지면 반드시 내 집안을 어지럽히게 되
리라."
　　그리고는 첩을 쫓아버렸다.

　　『대동야승』에 실린 율곡 이이의 글 「석담일기」에 이런 기록도 전하고
있다.

　　대사헌 이양원을 형조판서로 삼았다. 이양원은 느른하여 맡은
일에 충실하지 아니하고, 본래부터 국사에 뜻을 두지 아니하였
으며, 다만 가산을 경영하여 크게 치부하였고 동작강 가에 정자

이양원 묘 · 충청남도 당진시 대호지면 송전리 390-7 소재

를 짓고는 강에다 명수실 어망을 가로질러둔 것이 두어 벌이나 되었으니, 모두 여러 도읍에서 거두어들인 것이었다. 임금이 그의 묵중한 태도를 좋아하였기 때문에 자헌대부로 뛰어올렸는데, 형조판서가 되어서는 청탁만을 구하므로 사람들이 모두 더럽게 여겼다.

이양원은 문헌공으로 시호만 받았을 뿐 임진란 극복에 공을 세운 인물

시조로 찾아가는 문화유산

문헌사당 · 충청남도 당진시 대호지면 문헌로 303-15 소재 　　사진 출처 : 당진시 대호지면

들에게 내린 공신에는 들지 못했다. 『선조수정실록』 전 의정 이양원의 졸기에는 다음과 같이 쓰여져 있다.

> 양원은 장수와 정승으로 출입하면서 편안하게 부귀를 누리며 오래도록 살았다. 오로지 시속에 따라 처신하여 한번도 책망이나 비난을 받은 적이 없었으므로 세상에서는 복을 온전히 누리는 사람이라고 일컬었다. 그러나 난리를 당해서는 정신을 못 차리고 초야에서 목숨을 부지하다가 곤궁하게 죽었으니, 끝마무리를 잘한 군자라고는 말할 수 없다.

성품이 원만했으며 박학다식했다. 흑백의 논쟁에 치우치지 않았고 시문에도 능했으나 흠도 없지 않아 뒷사람의 평가가 좋은 편은 아니었다. 『청구영언』에 시조 한 수가 전한다. 시호는 문헌, 시문집으로 『노저유사』가 있다.

찾아가는 길

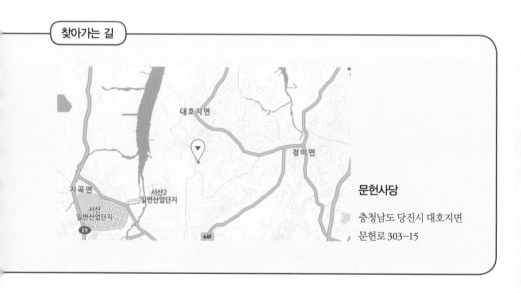

문헌사당

충청남도 당진시 대호지면
문헌로 303-15

시조로 찾아가는 문화유산

고응척 「한 권 대학책이…」

高應陟　　1531(중종 26)~1605(선조 38)

『두곡집』에 고응척의 시조 28수가 전한다. 첫 수부터 25수까지는 「대학장구(大學章句)」를 시조화한 것이고 26수부터 28수까지는 「마자재가(馬子才歌)」를 번역한 「호호가(浩浩歌)」이다.

　고응척은 12세에 『중용』을 배우기 시작하여 19세에 사마시에 합격하고, 31세에 문과에 급제했다. 이듬해 함흥교수가 되었으나 다음 해에 사직, 고향에 돌아와 학문에 전념했다. 이때 『대학』의 여러 편을 시조로 읊었다.

　　　　한 권 대학책이 어찌하여 좋은 글고
　　　　나 살고 남 사니 그 아니 좋은 글가
　　　　나 속고 남 속일 글이야 읽어 무엇하료

　『대학』에 대한 총편으로 「대학곡」이다. 한 권의 대학책이 어찌하여 좋은 글인가. 내가 살고 남을 살리니 그 아니 좋은 글인가. 내가 속고 남을 속이는 글이라면 읽어 무엇하겠는가. 안으로는 인격을 닦고 밖으로는 사

낙봉서원 · 경상북도 문화재자료 제222호, 경상북도 구미시 해평면 낙성1길 84-7 소재

1647년(인조 25) 김숙자, 김취성, 박운, 김취문, 고응척의 학문과 덕행을 추모하기 위해 창건,
위패를 모셨다.　　　　　　　　　　　　　　　　　　　　　사진 출처 : 문화재청

물과 나라에 이바지하는 길을 밝혔으니 『대학』은 매우 유익한 책이라는
것이다.

> 남글 심어두고 뿌리부터 가꾸는 뜻은
> 천지만엽이 이 뿌리로 좇아 인다
> 하물며 만사 근본을 아니 닦고 어찌하료

　『대학』의 네 번째 구절 '수신'으로 제목이 「수신곡」이다. 나무를 심
어두고 뿌리를 가꾸는 뜻을 말하고 있다. 수많은 가지와 잎이 뿌리로부
터 뻗어나 있으니 이 모든 일의 근본을 아니 닦고는 어찌하겠느냐는 것
이다.

　　　　　　　　　　　　　　　　　시조로 찾아가는 문화유산

격물(格物), 치지(致知), 성의(誠意), 심정(心正), 수신(修身), 제가(齊家), 치국(治國), 평천하(平天下)는 『대학』의 군자 8조목이다. '사물을 관찰하여 앎에 이르고 뜻을 정성스럽게 하여 마음을 바르게 하고 몸을 가다듬어 집안을 가지런하게 하고 나라를 다스리며 천하를 태평하게 한다'는 뜻이다. '수신'은 만사의 근본으로 '수신'이 되어야 '제가'를 할 수 있고 '제가'를 해야 '치국'을 할 수 있으며 '치국'하고서야 '평천하'가 된다는 것이다. 선비의 임무 중 가장 중요한 일이 '수신'이라는 것이다.

> 천지만물이 어찌하여 삼긴 게고
> 옥당금마는 어디만 있느뇨 운산석실이 간 데마다 높을시고 구
> 부려 밭을 가니 땅이야 적다마는 우러러 파람 부니 하늘이 무한
> 하다 내 빚은 한 말 술 벗님과 취하세다 이삼월 춘풍은 품에 가
> 득하였거늘 구시월 단풍은 낯에 가득 오르나다
> 아마도 취리건곤을 나와 너와 놀리라

「호호가」의 세 번째 수이다.

그가 술에 취하면 애들을 시켜 노래를 부르게 했다는 사설시조이다. 천지만물이 어찌하여 생겼는지 천지만물에 관한 유래를 물었다. 대답을 접어둔 채 화려한 집과 훌륭한 말은 현실적 출세에만 있는 것이 아니라 구름 낀 산속 석실의 초야 선비에게도 그런 높은 경지가 있다는 것이다. 그런 경지인즉 구부려 밭을 가니 땅은 적지마는 우러러 휘파람이 부니 하늘은 끝이 없고 거칠 것이 없다는 것이다. 내가 빚은 한 말 술로 벗님과 함께 취하도록 마십시다. 불어오는 삼월 춘풍은 품에 가득하고 구시월 단풍은 얼굴에 가득 비쳐오니 아마도 술에 취해 아득한 천지를 나와 너와 함께 즐기며 놀리라.

호는 두곡, 취병이며『대학』의 여러 편으로 교훈시를 만드는 등 사상적 체계를 시·부·가·곡 등으로 표현했다. 사성, 경주부윤 등을 지냈으며 밀양의 낙봉서원에 배향되었다.

찾아가는 길

낙봉서원

경상북도 구미시 해평면
낙성1길 84-7

시조로 찾아가는 문화유산

고경명 「청사검 둘러메고…」

高敬命 1533(중종 28)~1592(선조 25)

임진년 봄 고경명은 천문을 놓고 말했다.

"올해에 장성이 좋지 못하니 장수가 반드시 이롭지 못할 것이다."

제봉 고경명은 임진왜란이 일어나자 담양에서 의병을 일으켰다. 그는 임금을 지키기 위해 의주로 가던 중 금산전투에서 아들 인후와 유팽로, 안영 등과 더불어 순절했다.

『국역국조인물고』에 기록된 순절의 전말이다.

어떤 사람이 문득 급히 외치며 말하기를, "방어사의 진이 무너졌다" 하자, 의병이 따라서 무너졌다. 공이 일찍이 말하기를, "나는 말타기에 익숙하지 못하니 불행히 싸우다 패하는 날에는 오직 죽음이 있을 뿐이다" 하였는데, 이때에 이르러 좌우가 공더러 말을 타고 뛰어넘어가라고 간청하자, 공은 말하기를, "내가 어찌 구차하게 모면하려는 자이겠는가?" 하니, 공의 휘하가 공을 부축하여 말에 올려 앉혔으나 공은 곧 말에서 떨어지고 말은 도망갔다. 공의 휘하 선비 안영이 말에서 내려 제 말을 공에게 주고 도보로 뒤를 따랐다. 공의 종사 유팽로는 탄 말이 건장

고경명 순절비 · 충청남도 문화재자료 제28호, 충청남도 금산군 금성면 가래올길 47-9 소재

해서 먼저 빠져나가게 되자 그 종에게 묻기를, "대장이 벗어났느냐?" 하니, 대답하기를, "벗어나지 못하였습니다" 하므로, 유팽로가 급히 말을 채찍질하여 도로 들어가 공을 난병(亂兵) 속에서 시종하였다. 공이 그를 돌아보며 말하기를, "나는 반드시 모면하지 못할 것이니 너는 빨리 나가야 한다" 하니, 유팽로가 말하기를, "제가 어찌 대장을 버리고 살길을 찾겠습니까?" 하였다. 적의 칼날이 공에게 미쳐 마침내 죽으니, 유팽로는 제 몸으

시조로 찾아가는 문화유산

고경명 선생과 부인 울산 김씨 부부묘 · 전라남도 장성군 장성읍 영천리 430-2 소재

로 공을 가로막다가 죽고 안영도 역시 죽었다. 공의 차자 고인후
는 무사를 독려하며 앞줄에 서서 시석(矢石) 속을 출입하였는데,
군사가 무너지자 말에서 내려 그 부오(部伍)를 정돈하다가 진에
서 죽었다. 근방 고을의 인사들은 공이 패하였다는 소문을 듣자
늙은이 젊은이 할 것 없이 짐을 메고 지고서 자빠지며 넘어지면
서 말하기를, "우리들은 이제 죽었다"고 하면서, 통곡하는 소리
가 들판에 진동하였다. 의병이 무너지자 사졸들은 공의 생사를

모르고 차츰차츰 모여들다가 공이 죽음을 당하였다는 말을 듣고
는 모두 울부짖으며 흩어졌다. 그리고 남방 인사들은 공을 알건
모르건 간에 모두 서로 조상하며 애도하였다.

적병 때문에 시신을 제대로 수습하지 못하고 40여 일이 지나서야 시체
를 염습했다. 무더위와 비가 계속되었는데도 얼굴빛이 산 사람 같았다.
그의 죽음은 헛되지 않았다. 도피해 있던 우부, 한졸들이 모여 의병이 수
천 명에 이르렀고 이들이 훗날 전투의 초석이 되었다.

고경명의 호는 제봉 · 태헌이며 시호는 충렬이다. 20세에 진사가 되고
26세에 문과에 장원, 공조좌랑으로 기용되었다 전적 · 정언을 거쳐 사가
독서하였다. 권신 이량의 전횡을 논하는 데 참여하고 그 경위를 이량에
게 알려준 일로, 울산군수로 좌천된 뒤 파면되었다.

독서와 유람으로 세월을 보내다 49세에 영암군수가 되었고 종계변무
주청사의 서장관으로 명나라에 다녀왔다. 59세에 동래부사가 되었고 서
인이 실각하자 파직되어 고향으로 돌아왔다.

어려서부터 행동이 남달랐다. 백인걸이 남평현감으로 있을 때 그를 보
고 비범한 인물이 될 것이라고 말했다고 한다.

청사검 둘러메고 백록을 지즐타고
부상 지는 해에 동천으로 돌아드니
선궁에 종경 맑은 소리 구름 밖에 들리더라

푸른빛이 도는 큰 칼을 둘러메고 흰 사슴을 눌러 타고 해가 저물어갈
때 산과 물로 둘러싸인 골짜기로 돌아드니 선경이 있는 궁전의 쇠북과

시조로 찾아가는 문화유산

포충사 · 광주광역시 기념물 제7호, 광주광역시 남구 포충로 767

광주 포충사는 광주광역시 남구 원산동에 있는 사우이다. 1974년 5월 22일 광주광역시의 기
념물 제7호로 지정되었다. 1601년 전라도 광주에 충렬공 고경명을 모시기 위해 지어졌고, 고
경명의 아들 고종후 · 고인후와 유팽로 · 안영을 함께 배향하였다. 1603년 사액을 받았다. 대
원군의 서원 철폐 때에도 장성의 필암서원과 함께 헐리지 않았던 전남 지역 2대 서원 중 하나
이다.   사진 출처 : 문화재청

경쇠의 맑은 소리가 구름 밖에서 들리더라. 무인적인 호쾌한 모습과 거
침없는 풍류객의 기상을 엿볼 수 있는 시조이다. 그가 찾아간 곳이 바로
선경이며 신선이 사는 곳이라며 자신의 산수 유람을 미화했다.

　그는 식견과 도량이 넓어 일에 있어서 구차하지 않았고 남의 단처를
말하지 않았다. 얼굴이 수려했고 재주가 뛰어났다. 일찍이 해서의 기생
과 가깝게 지냈는데 그 기생을 그곳 관찰사가 좋아했다. 고경명이 그 기
생과 헤어지면서 율시 한 수를 기생의 치마폭에 써주었다.

고경명 의병장의 좌우명 '세독충정' 친필 · 광주광역시 남구 포충로 767 포충사 소장

"인간이 세상을 살아감에 있어, 나라에 충성하고 항상 올바른 마음을 굳게 지녀야 한다."

말을 강두에 세워 이별을 고의로 늦추며
나면서 버들의 높은 가지를 미워했다오
가인은 인연이 엷어 새로운 태도를 머금었고
탕자는 정이 깊어 후기를 묻는다
도리는 한식절에 떨어지고
자고는 석양에 날아간다
풀이 우거진 남포에 봄 물결이 넓으니
생각한 바 있어 빈화를 꺾고자 한다

   고경명과 헤어진 후 그 기생이 관찰사 앞에서 술을 따랐다. 바람에 치마폭이 들려 글씨가 보였다. 관찰사가 까닭을 물으니 기생이 사실대로 말했다. 관찰사가 진실로 기이한 재주라며 탄식하며 말했다. 그 뒤에 고경명의 아버지 대련공을 보고 일러 말하기를 "당신의 아들이 재주와 얼굴은 비록 수려하나 행동에 대한 단속을 하지 않았다"고 하니 그의 아버지가 웃으며 말했다. "내 아들 얼굴은 그의 어머니를 닮았고 행동은 그의 아버지와 같다." 그 말에 관찰사가 빙그레 웃었다. *

보거든 슬믜거나 못 보거든 잊히거나
네 나지 말거나 내 너를 모르거나
차라리 내 먼저 스러져 네 그리게 하리라

보거든 싫고 믭거나 못 보거든 잊히거나 네가 태어나지 말거나 내 너를 모르거나 차라리 내 먼저 죽어서 네가 나를 그리워하게 하리라. 얼마나 괴로웠으면 그 고통을 상대방도 겪어보게 하려고 했을까. 이루어지지 않는 사랑 앞에 이러지도 저러지도 못하는 답답한 심정을 토로하고 있다.

임금인지 여인인지는 알 수 없으나 호쾌한 시조와는 또 다른 인간다운 이면을 볼 수 있는 시조이다. 연모의 그리움을 극한까지 끌고 간 심정이 애닲기만 하다. 그 애틋한 짝사랑은 예나 지금이나 하등 다를 게 없는 것 같다.

시·서·화에 뛰어났으며 풍류를 즐겼던 고경명. 죽음으로 나라에 목숨을 바쳤던 그의 충성과 절개는 영원히 후세의 귀감이 되고 있다. 시문집 『제봉집』이 있으며 무등산 기행문 『서성록』이 있다. 광주의 포충사, 금산의 성곡서원·종용사, 순창의 화산서원 등에 배향되었다.

---

*   차용주 역주, 『시화총림』, 아세아문화사, 2011, 659쪽.

찾아가는 길

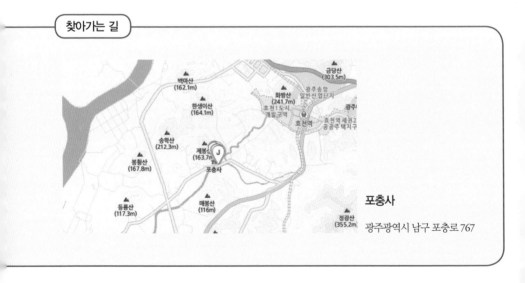

포충사

광주광역시 남구 포충로 767

성혼 「말없는 청산이요…」

成渾 1535(중종 30)~1598(선조 31)

말없는 청산이요 태 없는 유수로다
값 없는 청풍이요 임자 없는 명월이라
이 중에 병 없는 이 몸이 분별 없이 늙으리라

청산은 말이 없고 흐르는 물은 태가 없다. 맑은 바람은 값이 없고 밝은
달은 임자가 없다. 이 중에 병 없는 이 몸이 걱정 없이 늙으리라. 세상 시
비에 얽매이지 않고 청풍 명월과 벗하며 병 없이 늙다가 떠나고 싶은 무
욕, 탈속의 경지를 노래했다.

'값 없는 청풍, 임자 없는 명월'은 송나라 소식의 「적벽부」에서 나온
말이다. "대저 천지 사이의 사물에는 각기 주인이 있어 진실로 나의 소
유가 아니면 비록 터럭일지라도 가지지 말 것이나 강 위의 맑은 바람과
산간의 밝은 달은 귀로 얻으면 소리가 되고 눈으로 만나면 빛을 이루어
이를 가져도 금할 이 없고 이를 써도 다함이 없으니"라는 시가 있다.

성혼은 해동 18현의 한 사람이다. 조광조의 문인이자 학덕이 높은 성
수침의 아들이다. 서울 순화방에서 출생했으며 경기도 파주 우계에서 살
았다. 백인걸의 제자이다. 17세에 초시에 합격했으나 병으로 인해 복시

에 응하지 못했다. 이후 과거를 단념하고 학문에만 전념했다. 같은 고을 이이와 사귀면서 그와는 평생지기가 되었다.

율곡과 우계는 1572년부터 6년간에 걸쳐 편지를 주고받으며 사칠이기설(四七理氣說)에 대해 치열하게 토론했다. 주로 우계가 묻고 율곡이 답변하는 형식이었다. 이 서신에서 이황의 이기호발설(理氣互發說)을 지지, 이이의 기발이승일도설(氣發理乘一途說)을 비판하였다. 우계는 퇴계 이황의 이론을 따랐고 율곡은 고봉 기대승과 의견이 비슷했다. 그런 까닭에 두 사람의 철학적 논변은 매우 치열했다. 이에 대해 이이는 그의 학문을 평가하여 "의리상 분명한 것은 내가 훌륭하지만 실천에 있어서는 그에 미치지 못했다"고 했다.* 외손인 윤선거는 그가 학문에 있어서 하나하나 실천하는 점을 높이 평가하였다.

율곡은 기회 있을 때마다 임금에게 우계를 추천했다. 임금이 우계를 이따금 만나는 것만으로도 선한 도를 널리 펼치는 데 보탬이 될 거라고 굳게 믿었기 때문이었다.

1584년 2월 우계가 중봉 조헌에게 보낸 편지에 이런 글귀가 있다.

> 하늘이 율곡을 앗아갔으니 어쩌면 이리도 참혹하단 말입니까. 이제는 만사가 끝났으니, 다시 무슨 말을 하겠습니까. 나도 위장병과 어지러운 증세가 일어나 몸이 망가져서 머지 않아 죽게 될 것이니, 이른바 "슬퍼할 때가 얼마 남지 않았으며 슬퍼하지 않을 날이 무궁하다"는 것을 오래지 않아 경험하게 될 것입니다.

성혼은 정철과도 평생지기였다. 우계와 송강이 주고받은 시문 편지는

---

*   김권섭, 『선비의 탄생』, 다산북스, 2008, 152쪽.

시조로 찾아가는 문화유산

상당수에 이른다. 벼
슬길에 나가 있을 때나
유배 생활을 하고 있을
때나 일상에서 겪는 많
은 문제들을 상의하고
충고하는 편지의 내용
들이 대부분이다. 그만
큼 그들 사이에는 돈독
한 우정과 깊은 신뢰가 있었다.

물계서원원정비(勿溪書院院庭碑) · 경상남도 문화재자료
제366호, 경상남도 창녕군 대지면 우포2로 971-16 소재

사진 출처 : 문화재청

송강이 죽은 그 이듬해 우계는 다음과 같이 제문을 지어 곡했다.

> 형이 돌아간 뒤 해가 넘어서 비로소 나는 와서 곡을 하며 곡으
> 로써 슬픔을 다하려 하나, 슬픈 심경이 끝이 없구려. 아아, 어지
> 러운 세상에는 오래 사는 것이 괴로운 일이구려. 사는 것이 괴로
> 울진대 죽는 것이 또 어찌 슬프오리까. 혼탁한 세상에서 벗어난
> 형의 꾀가 옳은 것이라 생각되오. 여원 살은 뼈에 붙고 백 가지
> 걱정은 마음속에 스며드오. 어느 때든지 형의 뒤를 따르겠으니,
> 앎이 있을진대 아마도 저승에서 다시 만나게 되오리라.**

온갖 근심으로 괴로워하느니 일찍 떠난 형의 꾀가 옳다는 것이다. 우
계의 노년의 착잡한 심경을 읽을 수 있다.

임진왜란이 일어나자 의병장 김궤 군중의 군무를 도왔고 이어 대사헌,
우참찬에 임명되었다. 그는 영의정 유성룡과 함께 일본과 화의를 주장하

** 박영주, 『송강평전』, 고요아침, 2003, 296쪽.

다 선조의 노여움을 샀다. 왕이 파천할 때 파주에서 나와 맞아주지 않았다는 이유로 모함을 받기도 했다. 그는 파주로 돌아와 여생을 마쳤다.

그의 벼슬길은 순탄치만은 않았다. 올바로 살려 하나 올바로 살 수 없었다. 오랫동안 벼슬길에 있었다면 그도 많은 근심 속에 살았을 것이다. 그는 실천하는 선비였다. 그나마 초야에 묻혀 학문과 교육에 힘썼으니 그래도 그만이라도 하지 않았나 싶다.

그의 학문은 이황과 이이의 학문을 절충했다는 평가가 있으며 문인으로는 조헌·황신·이귀·정엽 등이 있다. 사위인 윤황, 외손인 윤선거, 외증손인 윤증에게 계승되면서 서인 소론의 중심 계보를 형성하였다. 기축옥사에 관련된 연유로 삭직되었으나, 1623년 인조반정 이후 복관되었다. 좌의정에 추증, 숙종 7년(1681)에 문묘에 배향되었다. 창녕의 물계서원, 해주 소현서원, 파주 파산서원 등에 제향되었다. 문집 『우계집』과 저서에 『주문지결』 『위학지방』 등이 있다. 『가곡원류』와 『청구영언』에 시조 3수가 전한다.

찾아가는 길

물계서원원정비

경상남도 창녕군 대지면
우포2로 971-16

　　　　　　　　　　　　시조로 찾아가는 문화유산

정철 「재 너머 성 권농 집에…」

鄭澈   1536(중종 31)~1593(선조 26)

재 너머 성 권농 집에 술 익단 말 어제 듣고
누운 소 발로 박차 언치 놓아 지즐타고
아해야 네 권농 계시냐 정 좌수 왔다 하여라

산 넘어 성 권농 집에 술 익었다는 말을 어제 듣고 누운 소를 발로 걸어
차고는 안장도 얹지 않고 깔개만 깔고 눌러 타고 갔다. 그리고는 성 권농
집 앞에서 '정 좌수 왔다 일러라' 하고 아이를 불러제꼈다. 성 권농은 우
계 성혼을 말한다. 술도 다급했고 친구도 무척 보고 싶었나 보다. 생동
감과 박진감이 넘치고 상황 전개도 빠르다. 솔직한 품성, 소탈한 인간미,
자유분방한 성격이 문장에도 막힘이 없다.

호방한 기질에다 술까지 좋아했으니 송강은 스스로를 광생(狂生)으로
자처했다. 자타가 공인하는 술꾼이라는 사실을 굳이 감추지 않았다.

일명 백년 산들 긔 아니 초초(草草)한가
초초한 부생(浮生)에 므사 일 하랴 하야
내 자비 권하는 잔을 덜 먹으려 하는다

일생 백 년을 산들 그 아니 고되고 수고로운 일이 아닌가. 뜬구름 같은 인생인데 무슨 다른 일을 하려고 잔 잡아 권하는 술을 덜 먹으려 하느냐.

험난한 세상 살이 술로써 온갖 근심을 잊고 사는 것도 평생 즐거움이 아니겠느냐. 이 정도의 술이라면 이백 못지않다.

그는 술꾼만이 아니라 풍류운사이기도 했다. 풍류에 술이 빠질 리 있겠는가.

> 남산 뫼 어느메만 고 학사 초당 지어
> 곳 두고 달 두고 바회 두고 물 둔난이
> 술조차 둔난 양하여 날을 오라 하거니

이쯤 되면 할 말을 잊는다. 남산 어드메쯤 고 학사가 초당을 지어 꽃 두고 달 두고 바위 두고 연못 두더니 술조차 두는 듯하니 나를 오라 나를 오라 하옵네. 여기에서 고 학사는 송강의 절친한 벗 고경명인 듯하다. 화조월석에 술이 없을 리 만무하다. 재기 넘치는 풍류운사는 이를 두고 한 말이리라. 소동파는 술은 시를 낚는 낚시요 근심을 쓸어내는 빗자루라 했고 이규보는 술이 없으면 시에 묘미가 없고 시가 없으면 술맛도 시들하다고 했다. 이러저래 시와 술은 동전의 앞뒷면이 아닌가.

정철의 「장진주사」에 이르러선 숙연하기까지 하다.

> 한 잔 먹세그려 또 한 잔 먹세그려 꽃 꺾어 산 놓고 무진무진 먹세그려
> 이 몸 죽은 후면 지게 위에 거적 덮어 주리혀 매어 가나 유소 보장에 만인이 울어 예나 어욱새 속새 덥가나무 백양 숲에 가기 곳 가면 누른 해 흰 달 가는 비 굵은 눈 소소리바람 불제 뉘 한

식영정 · 전라남도 기념물 제1-1호, 담양군 남면 지곡리 산76-1 소재

환벽당, 송강정과 함께 정송강 유적이라고 불린다. 식영정은 원래 16세기 중반 서하당 김성원이 스승이자 장인인 석천 임억령을 위해 세운 정자라고 한다. 식영정이라는 이름은 임억령이 지었는데 '그림자가 쉬고 있는 정자'라는 뜻이다. 당시 사람들은 임억령, 김성원, 고경명, 정철 네 사람을 '식영정 사선'이라 불렀는데, 이들이 성산의 경치 좋은 20곳을 택하여 20수씩 모두 80수의 「식영정이십영」을 지은 것은 유명한 이야기이다. 이 식영정이십영은 후에 정철의 「성산별곡」의 밑바탕이 되었다.

송강정 · 전라남도 기념물 제1-2호, 전남 담양군 고서면 송강정로 232 소재

1770년에 후손들이 정철을 기리기 위해 세운 정자로 정철은 이곳에 머물면서 식영정을 오가며 『사미인곡』『속미인곡』을 비롯한 많은 시가와 가사를 지었다.

정철 |「재 너머 성 권농 집에…」   61

잔 먹자 할꼬

하물며 무덤 위에 잔나비 파람 불 제 뉘우친들 어찌리

허무하기 짝이 없는 것이 인생이다. 한 잔 먹고 또 한 잔 먹세그려. 꽃 꺾어 술잔을 세며 무진무진 먹세그려. 이 몸 죽은 후면 지게 위에 거적 덮어 줄로 꽁꽁 매어 가나, 곱게 꾸민 상여를 만인이 울며 따라오거나, 억새풀, 속새(풀이름), 떡갈나무, 백양 숲에 들어가면 누른 해, 흰 달, 가는 비, 굵은 눈, 소소리바람 불 때 누가 한잔 먹자고 할 것인가. 하물며 무덤 위에 원숭이가 휘파람 불 때 그때야 뉘우친들 어쩔 것인가.

환벽당 · 광주광역시 명승 제107호, 광주광역시 북구 환벽당길 18-9 18필지 소재

조선 중기의 문신 김윤제가 낙향하여 창건하고 육영에 힘쓰던 곳이다. 그의 제자로 대표적인 인물은 정철과 김성원 등이 있다. 정철은 16세 때부터 27세에 관계에 나갈 때까지 환벽당에 머물면서 학문을 닦았다. 환벽당 아래에 있는 조대와 용소는 김윤제가 어린 정철을 처음 만난 사연이 전해지는 곳이다.

시조로 찾아가는 문화유산

처연한 정서가 심금을 울리고 있다. 향락주의적인 권주가이기는 하나 술과 노래와 풍류가 있어 정철의 깊은 사유를 읽을 수 있다. 「장진주사」 야말로 고금의 술의 대명사요, 아름다운 슬픔이다. 송강이 아니고는 누가 이렇게 술과 인생을 그려낼 수 있을 것인가.

술을 그렇게도 좋아했던 풍운아, 정철. 술 때문에 항상 속을 끓이고 사람들의 입방아에 오르내렸던 정철. 그는 숱한 정치의 질곡을 지나오면서 파란만장한 삶을 술에 의지해 잊으려고 했다. 그러나 그도 결국 강화에서 비참한 생을 마쳤다. 죽어서도 관작이 삭탈되는 수모까지 겪었다. 지나친 원칙주의자로 숱한 정적을 만들어냈던 정철. 천고의 간흉이라는 소리를 듣기도 했으나 여린 감정을 유려한 필치로 풀어낸 그의 주옥 같은 시문들은 영원히 남아 후세에 전하고 있다.

> 길 위의 돌부처 벗고 굶고 마주 서서
> 바람비 눈서리를 맞도록 맞을망정
> 인간의 이별을 모르니 그를 불워하노라

지인들과의 이별의 슬픔을 노래한 적소길의 시조이다. 송강의 작품은 적소의 문학이라 해도 과언이 아니다. 그는 언제나 당쟁의 한가운데에 서 있었다. 그런 그였기에 30여 년을 벼슬살이하면서 많은 유배 생활을 해야 했다.

귀양길에서 길가의 두 돌부처를 보았다. 오랜 풍상에도 의연히 서 있는 돌부처를 보며 자신의 심정을 이에 의탁해 노래했다. 길가의 두 돌부처가 벗고 굶고 바람비, 눈서리를 맞으면서 마주 서 있다. 서로 헤어지지 않으니 그것을 부러워한다는 것이다.

나무도 병이 드니 정자라도 쉴 리 없다
호화히 섰을 제는 올 이 갈 이 다 쉬더니
잎 지고 가지 꺾인 후는 새도 아니 앉는다

멋진 비유, 재치 있는 표현이다. 정승집 개가 죽으면 사람들이 찾아오
지만 정승이 죽으면 아무도 찾아오지 않는다. 길가의 정자나무를 바라보
며 지은이는 그러한 염량세태를 생각한다.

아무리 정자라 한들 병이 들면 쉴 사람도 없다. 울창하게 우거졌을 때
는 오가는 이 다 쉬더니 잎이 지고 가지가 꺾인 후론 새마저도 앉지 않는
다. 인생은 허무하고 세태는 사납기 짝이 없다. 벼슬을 내놓고 낙향하자
사람들은 거들떠보지도 않는다.

쓴 나물 데온 물이 고기도곤 맛이 있어
초옥 좁은 줄이 긔 더욱 내 분이라
다만당 님 그린 탓으로 시름겨워 하노라

정철의 작품에는 연군지정을 노래한 것들이 많다. 어린 시절 궁궐에서
보낸 향수 탓일까 남다른 우국의 정 때문일까. 쓴 나물 데운 국물이 고기
보다도 맛이 있어. 초가삼간 좁은 것이 도리어 내 분수이라. 다만 임금님
이 그리운 탓에 근심 걱정을 이기지 못하겠다는 것이다. 안분지족을 누
리려니 연군지정은 더더욱 견딜 수가 없다. 은둔과 진출에 대한 갈등이
나타나 있다.

잘새는 날아들고 새 달은 돋아온다
외나무다리에 혼자 가는 저 중아

네 절이 얼마나 하건대 먼 북소리 들리나니

　명화의 저물녘 한 장면 같다. 잘새는 보금자리 찾아 날아들고 동녘 멧
부리에선 새 달이 돋아온다. 시주 나갔다가 돌아오는 길인가 보다. 외나
무 다리에 혼자 가는 중을 보고 묻는다. 절이 얼마나 머냐고. 먼 쇠북 소
리만 산을 타고 은은하게 들려온다. 자연 속으로 돌아가는 중처럼 자신
도 유유자적 욕심 없이 살겠다는 뜻일 것이다.
　송강은 선조 13년(1580) 1월 그의 나이 45세 때 강원도 관찰사를 제수
받았다. 관찰사의 임무를 수행하면서 도내의 제 폐단들을 시정·개혁,
많은 선정을 베풀어 민풍을 크게 진작시켰다. 그 유명한 가사 「관동별
곡」, 시조 「훈민가」 등을 이때에 지었다.

　　　아버님 날 낳으시고 어머님 날 기르시니
　　　두 분 곳 아니시면 이 몸이 살았을까
　　　가없는 하늘 같은 은혜 어디 대어 갚사오리

　송강의 「훈민가」 16수 중 '부의모자(父義母慈, 아버지는 의롭고 어머니
는 자비롭다)'의 제목이 붙은 어버이의 은덕을 노래한 첫 수이다. '부생
모육지은(父生母育之恩)', 아버님 날 낳으시고 어머님 날 길렀으니 가없
는 그 은혜를 갚고자 노력하라는 내용이다. 이 시조가 지금도 우리에게
공감을 주는 것은 효가 인간의 보편적인 심성과 정서에 그 바탕을 두고
있기 때문이다.

　　　어버이 사라신 제 섬길 일란 다하여라
　　　디나간 후면 애닯다 어이하리

허목의 '제일계정' 현판 · 강원도 삼척시 임영로 120 죽서루 내

평생애 곳텨 못할 일이 이뿐인가 하노라

'자애(子愛)'라는 제목이 붙은 시조로 넷째 수이다. 공자의 제자 증자는 가장 큰 효는 부모를 존중하고 공경하는 일이요 그다음은 부모를 욕되지 않게 하는 것이요 그다음이 부모를 의식주로 잘 봉양하는 일이라고 했다. '살았을 때 술 한 잔이 죽어서 석 잔보다 낫다'라는 말이 있다. '나무는 조용하고자 하나 바람은 그치지 않고, 자식이 어버이를 공경하고자 하나 기다려주지 않는다'는 말이 있다. 어버이가 살아 계실 때 섬기기를 다하라는 말이다.

이고 진 저 늙은이 짐 풀어 나를 주오
나는 젊었거니 돌인들 무거울까
늙기도 설워라커든 짐을 조차 지실까

머리에 이고 등에 진 저 늙은이시여, 그 짐을 풀어 제게 주십시오. 나

시조로 찾아가는 문화유산

김홍도의 〈죽서루〉(왼쪽), 죽서루(오른쪽) · 보물 제213호, 강원도 삼척시 임영로 120 소재

죽서루는 정철의 「관동별곡」에 소개된 관동팔경 가운데 하나이다.　　　　사진 출처 : 문화재청

는 젊었으니 돌인들 무겁겠소? 늙어가는 것도 서러운데 짐까지야 지셔야 되겠습니까?

송강의 「훈민가」 중 마지막 수 '반백자불부재(班白者不負戴, 늙은이는 지고 이지 않음)' 라는 제목이 붙은 마지막 수로 노인을 공경하고 도와주어야 한다는 내용이다.

그는 백성을 교화시키고자 이렇게 쉽고 자연스러운 우리말로 노래를 불렀다. 언어의 마술사라는 말이 이 시인을 두고 하는 말이 아닐까 싶다.

이때 정철은 가사 「관동별곡」을 짓기도 했다. 강릉 땅의 아름다운 풍속으로도 그는 효를 드는 데 주저하지 않았다. 그 일부이다.

　　　　강릉 대도호(大都護) 풍속이 됴흘시고
　　　　절효정문(節孝旌門)이 골골이 버러시니,
　　　　비옥가봉(比屋可封)이 이제도 잇다 할다

송강 묘소 · 충청북도 기념물 제106호, 충청북도 진천군 문백면 송강로 523 소재

묘는 원래 고양군(현 고양시) 원당면에 있었는데 1665년(현종 6)에 송시열이 지금의 위치에 묏자리를 정하고 후손 정양이 이장하고 사우도 이때 건립하였다.

강릉 대도호부 풍속이 좋기도 하구나. 절개 효성의 정문들이 고을마다 늘어서 있으니, 집집마다 어질고 착한 이들이 많아, 태평성대를 오늘날에도 보겠구나.

아버지의 죽음을 일러 '천붕지통'이라고 한다. '하늘이 무너져 내리는 듯한 슬픔'이라는 뜻이다. 그가 35세 때인 선조 3년(1570) 4월 부친상을 당했다. 부친의 나이는 78세였다. 을사사화로 집안이 화를 입어 아버지의 유배지를 따라다녔던 정철로서는 그 비통함이 남달랐을 것이다. 37세 되는 1572년 6월까지 2년여에 걸쳐 벼슬을 내놓고 경기도 고양군 신원에서 시묘살이를 했다. 시묘살이는 3년 동안 묘소 근처에 움집을 짓고 산소를 돌보는 일이다. 이는 예로부터 돌아가신 분에 대한 가장 효성스러운 행위로 일컬어져왔다.

시묘살이는 유학자 정몽주에 의해 시작되었다고 한다. 신주 제도가 발달함에 따라 점차 시묘살이의 행위가 그 의미를 상실하게 되었다. 송강 집안은 대대로 효성으로 이름나 있었다. 그중에 송강은 효성이 특출했다. 어머니라 해서 조금도 다를 바가 없다. 부친의 시묘가 끝나고 정철의 나이 38세에 다시 모친상을 당했다. 또 2년 동안 시묘살이를 했다. 그때 썼던 작품이다.

> 새원 원주 되어 시비를 고쳐 달고
> 유수청산을 벗 삼아 던졌노라
> 아이야 벽제에 손이라커든 날 나갔다 하구려

고양에 있는 신원의 원주가 된 뒤로는 사립문을 다시 달고 흐르는 물과 푸른 산을 벗삼아 내 몸을 그 곳에 맡겼노라. 아이야, 벽제를 거쳐 오는 손님이 나를 찾거든 내 나갔다고 일러라.

시묘살이 하면서, 유유자적하는 자신의 삶을 그렸다. 고양 신원의 원주라 하지만 그가 역원의 원주 벼슬을 한 적은 없다. 자신을 원주에 가택해서 노래한 것이다. 시류를 배척하는 정철의 모습을 엿볼 수 있다.

> 공의 성품이 지극히 효성스러워, 슬피 곡하고 우는 소리에 이웃 사람들이 감동되어 어떤 이는 밥도 먹지 못하기도 하였다. 젯상에 올리는 음식 같은 것도 자신이 직접 가르고 반듯하게 하여, 부리는 노복에게 맡기지 않았다. 모든 예식 절차는 반드시 스승이나 벗들에게 질의하여 가장 옳은 것을 가려서 행하되, 전후의 상을 다 그렇게 하였다.

송강정철신도비 · 충청북도 유형문화재 제187호, 충북 진천군 문백면 송강로 523 소재

그의 거상과 관련된 연보의 일부이다. 그의 지기였던 우계 성혼은 지극한 그의 효성을 기리어 시를 짓기도 했다.

송강이 시묘 시절에 지었던 시조 2수가 더 전하고 있다.

　　　새원 원주 되어 도롱 삿갓 메고 이고
　　　세우사풍에 일간 죽 빗기 들어
　　　홍료화 백반주저에 오명가명 하노라

신원의 원주 되어 도롱이 걸치고 삿갓을 쓰고, 가는 비 불어오는 바람에 한 개의 낚시대를 비스듬히 들고, 붉은 여귀꽃 흰 마름 우거진 물가를 오고 가고 하노라.

유유자적, 자연을 즐기는 모습도 엿보인다.

　　　　　　　　　　　시조로 찾아가는 문화유산

새원 원주 되어 녈 손님 디내옵내
가니 오거니 인사도 하도할샤
안자서 보노라 하니 수고로와 하노라

고양의 신원 원주가 되어 있노라니 나그네들이 많이도 지나가는구나. 가는 사람 오는 사람 서로 인사가 많기도 많구나. 앉아서 보고 있노라니 인사치레가 번거롭고도 수고스럽구나.

당시 시묘살이의 한 단면을 엿볼 수 있는 시조이다.

정철은 당대 가사문학의 대가로서 시조의 고산 윤선도와 함께 한국 시가사상 쌍벽으로 일컬어진다. 창평의 송강서원, 연일군의 오천서원 별사에 배향되었다. 문집으로 『송강집』『송강가사』『송강별추록유사』, 작품으로 시조 70여 수가 전한다.

죽서루

강원도 삼척시 임영로 120

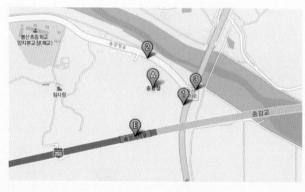

송강정

전남 담양군 고서면 원강리
274

시조로 찾아가는 문화유산

유자신 「추산이 석양을 띠고…」

柳自新　1541(중종 36)~1612(광해군 4)

유자신은 광해군의 장인이다. 태릉참봉, 형조참판에 동지중추부사, 한성부판윤을 역임했으며 광해군 즉위 후에는 문양부원군으로 봉해졌다. 아들 유희분을 비롯 일가친척들이 모두 높은 자리를 차지해 당대에 많은 권세와 호사를 누렸다.

이때 권필은 광해군의 비 유씨와 그 아우 유희분 등 척족의 전횡을 풍자·비방하는 7언절구 「궁류시」를 지었다.

> 대궐의 푸른 버드나무 버들개지 흩날리는데
> 도성의 명사님들 잘 보이려 아첨하는구나
> 조정에선 온통 태평성대라고 즐거워 하례하는데
> 바른 말이 포의에게서 나올 줄이야 누가 알았으랴

궁류는 중전을 지칭한 것이고 포의는 물론 권필을 말하고 있다. 이 시로 권필은 친국을 받았으며 장형을 맞고 귀양길에 올랐다. 그날 동대문 밖 주막에서 폭음하고는 이튿날 장독으로 죽었다.

유자신은 인조반정 후 관작과 봉호가 추탈되었고 아들 유희분 · 유희발 · 유희량 등은 처형되거나 유배되었다.

"죄인 박승종 · 유희분 · 유희발 · 박정길과 전후 역옥에 관계되어 처형된 자의 자손들은 아직 나이가 차지 않았더라도 모두 외딴섬에 위리안치시키고, 이미 먼 변방으로 정배하여 배소에 가 있는 자일지라도 위리안치시켜 내외 사람들과 교통하지 못하게 하소서. 그리고 역당 중에 더욱 친절했던 자들은 이미 정배되었다가 사면을 받아 양이시켰거나 방환시켰더라도 다시 멀리 귀양 보내어 난역의 싹을 두절시키소서" 하니 따랐다.

금부가 아뢰기를, …(중략)…

"아뢴 대로 하라. 유자신의 사위와 손자도 똑같이 처치하게 하라."

『인조실록』

중전이었던 유자신의 딸도 인조반정 후 폐위되어 강화도에 유배, 7개월 만에 사망했다. 외척의 권세 말기가 어떤지를 극명하게 보여주고 있다.

『광해군일기』에 기록된 유자신의 졸기이다.

문양부원군 유자신이 졸하였다. 정원에 전교하기를, "문양부원군이 서거하니 지극히 놀랍고 슬프다. 위와 내전, 세자 및 세자빈이 거행해야 할 의식 절차를 속히 의논하여 아뢸 것을 해조에 말하라" 하였다. 자신은 왕비의 아버지이다. 아들 유희분 · 유희발 · 유희량과 손자 유충립이 모두 벼슬하여 권세를 부리고 호사를 누렸으며 형제와 사위, 친족들에 고관들이 연이었는데

시조로 찾아가는 문화유산

유자신 신도비 · 시흥시 향토유적 제4호, 경기도 시흥시 능골길 26 소재

사진 출처 : 한국금석문 종합영상정보시스템

자신은 어리석어 술만 마시다가 나이 80에 죽었다.

그는 성천부사로 있을 때에는 사헌부의 탄핵을 받았고 한성부윤으로 있을 때에는 명나라 군사를 구타했다 해서 파면당했으며 한성판윤으로 있을 때에는 감동관을 구타하여 체직되기도 하는 등 여러 번 부침을 겪었다.

『청구영언』에 시조 한 수가 전한다.

　추산이 석양을 띠고 강심에 잠겼는데

일간죽 둘러메고 소정에 앉았으니
천공이 한가히 여겨 달을 조차 보내도다

저녁놀을 띤 가을 산이 강물에 잠겼다. 낚싯대를 드리우며 조각배에
앉아 있으니 이를 한가롭게 여기신 하느님이 달마저 보내주셨다. 낚시를
드리운 풍경을 보고 하느님이 달을 보내주다니 예사 솜씨가 아니다. 달
로 화룡점정, 차원이 다른 한 폭의 산수화를 완성했다.

그의 예술적 감각은 뛰어났다. 강호한정의 운치와 수준 높은 정취를
표현할 줄 알았다. 여유와 풍류를 즐길 줄도 알았다. 도덕적 행위와 예
술적 정감은 서로 다른 모양이다.

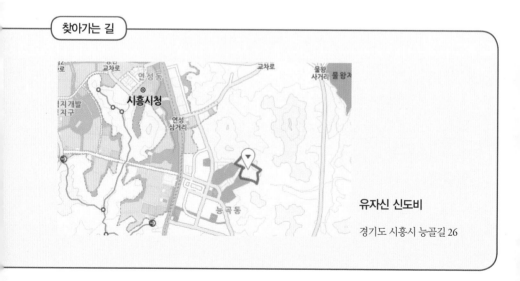

찾아가는 길

유자신 신도비

경기도 시흥시 능골길 26

김현성 「낙지자 오늘이여…」

金玄成　　1542(중종 37)~1621(광해군 13)

　　김현성은 명종·선조·광해군 때의 문신이다. 호는 남창, 본관은 김해이다. 명종 19년(1564) 식년문과에 병과로 급제하여 교서관정자와 양주목사, 동지돈녕부사를 지냈다. 시·서·화에 모두 뛰어났다. 특히 그림보다는 글씨와 시에 뛰어났다. 김현성은 조선 전기부터 유행했던 송설체의 명가이다. 성수침 등의 영향을 받아 부드럽고 유려한 서풍으로 명성을 얻은 인물이다.

　　남창 김현성은 글씨를 잘 쓰는 것으로 세상에 이름이 있었지만 그의 시도 또한 옥소리처럼 맑아 사랑스럽다. 「영신월시(咏新月詩)」의 한 연에 말하기를

　　　　빛은 비스듬히 원추리 세잎 흡족하게 비치고
　　　　반달이 되자 겨우 계수나무 한 가지만 있다

　　　　　　　　　　　　　　　　　　　　　「시화총림」

라 했는데 사람들은 그 교묘함을 말했다.

광해군 9년(1617)에 명을 받아 평양에 가서 기자 비문을 쓰고 돌아왔을 때였다. 인목대비 폐위에 참여하지 않은 사람은 심한 처벌을 받을 것이라는 말을 들었다. 어떤 사람이 그에게 말했다.

"조정에 들어가지 말고 기다리도록 하라."

"죽고 사는 것이 천명에 달려 있는데 내가 왜 교묘히 피하려 하겠는가?"

임금에게 가 복명을 하고 병을 이유로 벼슬을 사양했다. 이로 인해 면직되었다. 마침 흉년이 들어 죽도 제대로 잇지 못해 어떤 관리가 공을 가엾게 여겨 한산한 벼슬을 주어 녹을 먹도록 했다. 광해군 13년(1621) 10월 공이 세상을 떠나자 집이 가난하여 장례를 치르지 못하다가 11월에야 고양군 아무 마을에 장례를 지냈다.

『국역국조인물고』

임란 후에는 외직으로 돌았고 광해군 때에는 정사에서 물러나 시대의 흐름에 동참하지 못했다. 그는 74세에 대비 삭호 논의에 참여치 않아 파직되었다. 그리고 가난하게 여생을 마쳤다. 정사에는 우활하다는 평을 듣기도 했으나 성품은 온화, 단정했으며 효성이 깊었다.

낙지(樂只)자 오늘이여 즐겁도다 금일이야
즐거운 오늘이 행여 아니 저물세라
매일에 오늘 같으면 무슨 시름 있으랴

술잔을 듭시다. 즐겁구나 오늘이여. 즐거운 오늘이라도 저물어야 즐거운 날이 오지 않겠는가. 매일 오늘같이 즐거우면 무슨 시름 있겠는가.

여수통제이공수군대첩비(麗水統制李公水軍大捷碑) · 보물 제571호, 전남 여수시 고소3길 13
소재

여수통제이공수군대첩비는 해남의 명량대첩비(보물 제503호)와 함께 일제의 박해로 1942년
서울로 운반되어 행방을 알 수 없다가 광복 이후 해남 지역 유지들이 수소문하여 경복궁 근
정전 앞뜰 땅속에서 찾아냈다. 지금의 자리로 옮겨 다시 세웠다.   사진 출처 : 문화재청

기쁜 날 연회의 분위기를 띄우는 추임새 같은 조금은 취중에서 쓴 듯
한 느낌이다. 오늘같이 즐거워야 태평성대를 이룰 수 있지 않겠는가. 들
뜬 분위기로 보아 젊은 날에 쓴 것으로 보인다.

유작으로 행서로 쓴 「주자시」가 남아 있고 금석문으로는 숭인전비문 · 이충무공수군대첩비문 · 조헌순의비문 · 신숭겸충렬비문 · 정언유격묘비문 등이 있으며 저술로는 『남창잡고』가 있다.

그의 여수통제이공수군대첩비는 충무공 이순신의 공훈을 기념하기 위해 건립된 우리나라 최대 규모의 대첩비이다.

일제의 마수가 뻗치지 않은 곳이 없다. 역사는 미래의 거울이다. 일제는 지금도 그대로 보여주고 있지 않은가.

찾아가는 길

여수통제이공수군대첩비

전남 여수시 고소3길 13

정구 「청산아 웃지 마라…」

鄭逑   1543(중종 38)~1620(광해군 12)

한강 정구는 성주 출신으로 아버지는 김굉필의 외증손이다. 어려서부터 천재로 불렸다. 오건에게 역학을 배웠고 이황, 조식에게는 성리학을 배웠다.

그는 여러 벼슬을 받았으나 모두 사퇴하고 백매원을 만들었다. 양정봉 비안 기슭에 회연초당을 마련하고 뜰에는 매화 백 그루를 심어 '백매원'이라고 했다. 거기에서 후진을 양성했다. 백매원은 겨울에도 지조를 잃지 않는 매화처럼 고고한 선비의 향을 널리 퍼뜨리겠다는 뜻이다. 당시 심경을 정구는 「회연초당」에서 이렇게 노래했다.

> 자그마한 산 앞에 조그만 집을 지었네
> 뜰에 심은 매화 국화 해마다 늘어나고
> 구름과 시냇물이 그림처럼 둘렀으니
> 이 세상 나의 삶이 사치하기 그지없네

초당의 방 이름을 불괴침(不愧寢)이라 했고, 창문을 매창(梅窓), 당호를 옥설헌(玉雪軒)이라고 했다. 이때 세워진 회연초당은 한강이 벼슬길에 나

회연서원 · 경상북도 유형문화재 제51호, 경상북도 성주군 수륜면 동강한강로 9 소재

가 있는 동안 쇠락하여 그가 63세 되던 해에 다시 복원했다. 한강 사후 7년째 되던 해 초당 그 자리에 그의 학문과 덕행을 추모하기 위해 회연서원이 건립되었다.

회연서원 현판은 한석봉이 썼으며 강당 마루 북쪽 벽 전서체 현판들은 한강의 제자 허목이 썼다. 오른쪽은 옥설헌, 왼쪽은 망운암이다. 옥설헌은 회연초당 당시 당호였고, 망운암은 회연초당 복원 후 새로 지은 초가이름이다.

한강의 자취가 서린 곳으로 무흘구곡이란 곳이 있다. 주자의 무이구곡을 본떠 대가천을 거슬러 오르며 풍광이 빼어난 아홉 곳을 골라 이름을 붙이고 이를 노래로 남긴 풍류가 깃든 곳이다. 회연서원 뒤 제1곡 봉비암에서 시작하여 제2곡 갓말소의 절벽, 제3곡 무학동 배바위, 제4곡 영천동 선바위, 제5곡 영천동 사인암, 제6곡 유성리 옥류동, 제7곡 평촌리의 만월담, 제8곡 평촌리의 와룡암, 제9곡 수도리의 용소까지 이어지는데 그 펼쳐진 길이는 약 30킬로미터에 달한다.

청산아 웃지 마라 백운아 기롱 마라

백발 홍진에 내 즐겨 다니더냐
성은이 지중하시니 갚고 가려 하노라

아자 내 소년이야 어드러로 간 거이고
주색에 잠겼은 제 백발과 바뀌도다
이제야 아무리 찾은들 다시 오기 쉬우랴

첫 수의 청산과 백운은 강호에 있는 선비들을 말한다. 그들 보고 비웃지 말라고 했다. 늙도록 벼슬길에 머물러 있는 것이 좋아서 그러는 게 아니라고 변명하고 있다. 임금의 은혜가 두터워서 그것을 갚고 가려고 한 것이라고 말하고 있다. 선조가 죽고 광해가 임금이 되자 그는 난정과 옥사에 대한 상소문을 올리고는 미련 없이 고향으로 돌아갔다.

둘째 수에서는 자신의 젊음은 어디로 가버렸느냐고 토로하고 있다. 벼슬길을 주색에 잠겨 보낸 것이라고 말하고 있으며 소년 시절로 다시 돌아가려 한들 그게 가능하겠느냐고 말하고 있다.

위 시조는 늘그막에 지은 작품이다. 첫 수는 늙어서까지 벼슬하는 까닭을 청산과 백운에

무흘구곡 중 제4곡 선바위 · 경북 성주군 금수면 영천리 산186 소재

게 토로하고 있고 둘째 수는 자신의 늙음을 자탄하고 있다. 젊어서 그는 학문에 정진했다. 그러던 선비가 30여 년을 벼슬길로 외도했으니 만년이 되자 학문의 아쉬움을 그렇게 표현한 것이다.

문장과 글씨에 뛰어났고 경학을 비롯, 산수 · 병진 · 의약 · 풍수 등에 통달했으며 특히 예학에 뛰어났다. 김굉필 · 정여창 · 이언적 · 이황과 더불어 영남 5현으로 불리우고 있다.

찾아가는 길

회연서원

경상북도 성주군 수륜면 동
강한강로 9

무흘구곡

제1곡 봉비암부터
제9곡 용추폭포까지

시조로 찾아가는 문화유산

한호 「짚방석 내지 마라…」

韓濩   1543(중종 38)~1605(선조 38)

한호는 선조 때의 서예가로 호는 석봉이다. 석봉산 아래에서 살았다 해서 붙여진 이름이다. 처음 태어났을 때 일관이 점을 치면서 말했다.

"옥토(玉兎)가 동방에 태어나면 낙양에 종이 값이 오르는 법인데, 이 아이는 반드시 글씨로 이름이 날 것이다."

25세에 진사가 되었으며 선조의 총애로 벼슬이 군수에 이르렀다. 그는 명나라 사신을 따라 자주 접빈사 사자관으로 수행했다. 왕세정은 석봉의 글씨를 "성난 사자가 돌을 헤치는 듯, 목마른 천리마가 물 위를 내달리는 듯 힘차다"고 했다. 명나라 한림 · 주지번은 "석봉의 글씨는 능히 왕희지 · 안진경과 어깨를 겨룰 만하다"고 하였다. 임진왜란의 명장 이여송과 마귀 등도 그의 글씨를 주문해갈 정도였다.

짚방석 내지 마라 낙엽엔들 못 앉으랴
솔불 켜지 마라 어제 진 달 돋아온다
아이야 박주산채일망정 없다 말고 내어라

한석봉이 쓴 구림마을의 육우당 현판 · 경상북도 영천시 도남동 37 육우당 내

육우당은 선조 때 의병장 박흡 장군 6형제가 자란 곳으로 전해진다.

짚방석이라도 내놓으려 하는데 낙엽 위에 앉겠다는 것이다. 관솔불 밝히려는데 달이 돋아오니 켜지 말라는 것이다. 애야, 잡곡으로 빚은 막걸리, 산에서 캐온 산나물이지만 없다 말고 내놓으라는 것이다. 짚방석 대신 낙엽, 솔불 대신 달빛이면 되지 그 이상의 무엇이 필요하겠느냐. 소박하고 운치가 있어 자연 그대로가 격식에 어울린다는 것이다.

『국역국조인물고』에 다음과 같은 기록이 있다. 그의 인물됨을 알 수 있는 자료이다.

한석봉은 사람됨이 중후하고 과묵하며, 술을 잘 마시어 술을 만나면 흠뻑 취하여 유유자적하며 지칠 줄 모르고 읊조리었다. 높은 이름을 얻고 나서는 공경들 사이에서도 예찬을 받았다. 속이 너그럽고 시샘하는 것이 적어서 비록 입으로는 남의 좋고 나쁨을 말하지 않으나, 속으로는 소신이 확고하여 뜻에 맞지 않으면 부드러운 말로 구차스럽게 비위를 맞춘 적이 없었다. 시를

시조로 찾아가는 문화유산

지음에는 유독 이백의 시풍을 좋아하여 이따금씩 정취가 퍽 있었다.

한미한 집안이었음에도 그가 출세의 길을 걸은 것은 선조의 호평 때문이었다. 선조는 한호의 큰 글씨를 보고 "기이하고 장대하기가 측량할 수 없다"고 감탄했다. 그에게 어선과 어주를 하사했고, 사자관이던 그에게 문반 벼슬을 제수하기도 했다. 그런 배려로 한호는 정랑과 가평군수 등을 역임할 수 있었다.

『연려실기술』에서는 선조의 후대를 이렇게 적었다.

> 한호는 임금에게 지우(知遇, 인격과 재능을 높이 평가하여 잘 대우함)를 받아 총애가 융숭했고 하사품이 끊이지 않았다. 특별히 가평군수에 임명되었는데, 몇 년 뒤 사헌부에서 탄핵했지만 추고만을 지시했다. 그가 공조 낭관이 되었을 때는 일상적인 업무를 규칙대로 처리하지 않아 파직되는 것이 마땅했지만 주상은 처벌하지 말라고 하명했으며, 병이 위독해지자 어의에게 빨리 약을 가지고 가서 치료하게 했다. 그가 세상을 떠나자 임금은 오랫동안 애도했다.

석봉 뒤에는 스승 같은 어머니가 있어 조선 최고의 명필로 성장할 수 있었다.

"너와 내가 내기를 하자꾸나. 나는 떡을 썰 테니 너는 글씨를 써라."

어머니는 등잔불을 껐다. 불을 켜고 보니 석봉의 글씨는 삐뚤어졌고 어머니의 떡은 일정했다. 석봉은 그 밤 즉시 발길을 돌렸다.

전남 영암 지역에서 석봉의 이야기가 전해오고 있다. 덕진면 영보리

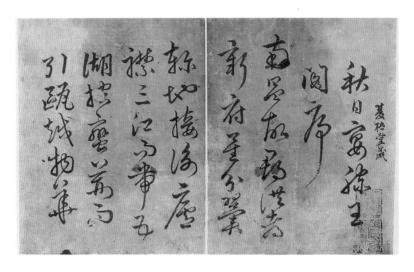

「한석봉증류여장서첩(韓石峯贈柳汝章書帖)」의 「추일연등왕각서(秋日宴藤王閣序)」
· 보물 1078호, 경남 진주시 남강로 626-35 국립진주박물관 소장   사진 출처 : 문화재청

일대는 한석봉이 스승 신희남을 따라와 공부했다고 전해지는 곳이며 학
산면 독천시장은 어머니가 떡장사를 한 곳으로 알려져 있는 곳이다(현재
독천시장은 낙지골목으로 유명하다).

한석봉은 왕희지, 안진경의 필법을 익혀 해·행·진·초 등 각 서체에
모두 뛰어났다. 그는 종래의 중국 서체에서 벗어나 피나는 수련 끝에 독
창적이고 호쾌한 석봉체를 확립했다. 안평대군·김구·양사언과 함께
조선 초 4대 서가로 꼽힌다. 그가 완성한 '석봉천자문'은 조선 천자문의
표준이 되었으며 지금까지도 붓글씨의 표본이 되고 있다. 허엽신도비,
서경덕신도비, 기자묘비, 행주승전비, 선죽교비 등과 같은 비문들이 많
이 남아 있다. 친필로는 『한석봉증유여장서첩』이 전하고 있는데 이 서첩
에는 왕발의 「등왕각서」, 한무제의 「추풍사」, 이백의 「춘야연도리원서」
등 세 편이 수록되어 있다.

『한석봉증유여장서첩』은 한호의 초서체 필첩이다. 필사기에는 시기, 필자, 쓴 장소와 쓴 목적 등이 밝혀져 있다.

> 만력 24년(선조 29, 1596) 납월 염일에 석봉 호가 서학우사에
> 서 남쪽으로 돌아가는 유여장에게 기증하다.

만력 24년이면 임진왜란이 일어난 지 4년 후인 1596년이다. 납월 염일이니 음력 12월 스무날이다. 이날 한호가 서학우사에서 친우 유여장(유기)이 고향으로 돌아갈 때 이를 기념하기 위해 다른 친우 몇 사람과 함께 베푼 술자리에서 기증한 서첩이다. 이 세 편의 글은 모두 연석에서 읊은 글이다. 한호는 인생을 즐겁게 살아가는 방편을 제시해준 명문들만 뽑아 서첩에 담아 유기에게 써주었다. 이 중「등왕각서」는 원래의 제목 앞에 '추일연(秋日宴)' 세 글자를 덧붙여 계절적인 감흥을 나타내고 있다.

서첩 첫장에는 작은 글씨로 '주인 풍산 유씨'라는 소장자의 묵서가 있어 유기 후손에 의해 전승되어왔음을 보여주고 있다.

한호의 글씨는 현재까지 전해지는 친필 진본이 거의 없으며『석봉서법』,『석봉천자문』과 같은 책이 모간본으로 전해지고 있을 뿐이다. 그러나 많은 비문 글씨와 일부 현판들이 더러 남아 있어 그의 흔적들을 더듬어볼 수 있다. 작시에 능한 차천로, 작문에 능한 최립과 함께 송도삼절로도 불리고 있다.

독천5일시장

전남 영암군 학산면 독천리

시조로 찾아가는 문화유산

조헌 「지당에 비 뿌리고…」

趙憲　　1544(중종 39)~1592(선조 25)

조헌이 5세 때의 일이다. 아이들과 정자나무 밑에서 천자문을 읽고 있었다. 이때 큰 소리를 치며 요란스러운 고관 행차가 있었다. 아이들은 앞다투어 구경하는데 그는 단정히 앉아 혼자 글을 읽고 있었다. 고관이 묻자 조헌이 꿇어앉아 대답했다.

"아버지께서 '글 읽는 데만 전심하라' 고 하셨습니다."

고관이 말했다. "훗날 반드시 큰 선비가 될 것이다."

조헌의 사람됨을 알 수 있는 일화이다.

조선 후기 북학파 박제가의 「북학의」 서문에 조헌에 대한 다음과 같은 글이 있다.

> 나는 어릴 적부터 고운 최치원과 중봉 조헌의 사람됨을 사모하여 비록 뒷시대에 살고 있지만 그분들의 말을 끄는 마부가 되어 모시고 싶다는 간절한 소망을 가졌다. …(중략)… 중봉은 질정관의 신분으로 연경에 들어갔다. 조선에 돌아와서는 왕께 '동환봉사(東還封事)' 를 올려, 중국의 문물을 보고서 우리 조선의 처지가 어떤 것인지를 깨닫고, 남의 점을 발견하고서 자신도 그와 같이

되고자 노력하는, 적극적이고도 간절한 정성을 담았다.

　조선 후기 북학의 시대정신을 강조한 박제가가 200년을 앞서 살았던 인물 조헌을 이처럼 높이 평가했다. 조헌은 분명 시대를 앞서간 인물이었다.

　그는 도끼를 들고 상소한 것으로도 유명하다. 1589년 도끼를 들고 시정의 폐단을 극론으로 상소하다 길주 영동역으로 유배되었다. 1591년에는 일본의 도요토미가 겐소를 시켜 명나라를 칠 길을 빌려달라고 했다. 이때도 그는 도끼를 들고 대궐문 밖에서 일본 사신의 목을 벨 것을 요구했다.

　임금이 말했다.

　"조헌이 여러 번 광망한 말을 올리다 귀양까지 갔으나 조금도 그칠 줄 모르니 참으로 부끄러움이 없구나."

　사흘이 되어도 회답이 없자 머리를 주춧돌에 사정없이 두드렸다. 피가 흘러 얼굴을 덮었다.

　"명년 산골짜기로 도망갈 때 반드시 내 말이 생각날 것이다."

　뜻을 이루지 못하고 시골로 내려가 탄식했다.

　얼마 후 그는 선산이 있는 김포에 가 조상께 마지막 성묘를 올렸다.

　"세상이 장차 어지러워 영원히 하직하나이다."

　금산전투에서의 전사로 그의 유언 같은 이 말이 예언처럼 증명이 되었다.

　1592년 임진왜란이 일어났다. 조헌은 옥천에서 의병을 일으켰다. 왜적은 청주에 진을 치고 있었고 관군은 여러 번 패했다. 승장 영규대사만이 적을 막아내고 있었다. 그는 영규대사와 합세해 청주성을 탈환하는

표충사 · 충북 옥천군 안남면 도농1길 71-1 소재

데 성공했다.

적들은 금산에 진을 치고 있었다. 충청도 일대를 몰아갈 기세였다. 조헌은 영규대사에게 글을 보내고 금산으로 향했다. 별장이 말했다.

"금산에 있는 적은 수만 명의 정예군입니다. 어찌 오합지졸로 대결하려 하십니까?"

"지금 군부가 어디에 계시는가? 임금이 욕을 당하면 신하는 죽는 것이다."

권율과 협공하기로 되어 있었으나 느닷없이 늦추자는 기별이 왔다. 적은 물밀듯 쳐들어오고 있었고 조헌은 이미 금산 10리 밖까지 진격하고 있었다.

"오늘은 죽음이 있을 뿐이다. 도망치면 살아남을 수 있는가. 의에 부끄러움이 없도록 하라."

아군의 화살은 이미 다 소진되었다. 맨손으로 북을 치며 항전했다. 중과부적, 영규대사와 함께 700명의 의병이 그 자리에서 장렬히 전사했다. 백성들의 곡성이 온 마을을 덮었다. 한치의 양보도 없는 치열한 전투였다. 적도 이 싸움에 혼쭐이 났는지 모두 달아나버렸다. 이 싸움으로 호남과 호서가 비로소 안정을 되찾았다.

시인 권필이 헌시를 바쳤다.

> 몇 번이나 주운(朱雲)처럼 대궐 난간을 꺾었던고
> 오래도록 초택(楚澤)에 깨어 있음을 읊었도다
> 대군자는 조그마한 소조정(小朝庭)에 서지 않는데
> 곧은 기개는 하늘과 땅에 드높도다.
> 외로운 충성은 해와 별같이 빛나고
> 우뚝 솟아 있는 금산의 산빛은
> 만고에 푸르기만 하여라

그는 한미한 집안에 태어났다. 힘써 공부해 과거에 오르고 밭을 갈아 어머니를 봉양했다. 언제나 나라를 생각하고 전후에 소를 올린 것만도 수십만 언이었다. 1604년에 선무원종공신 1등으로 책록되었고 1754년 (영조 30)에는 영의정에 추증되었다. 신도비는 1649년(인조 27)에 세워졌다. 김상헌이 글을 지었고 송준길이 글씨를 썼으며 김상용이 전액하였다. 1883년에 문묘에 배양되었고 표충사, 문회서원, 우저서원, 성곡서원, 상현서원 등에 제향되었다. 1971년에는 금산의 순절지에 칠백의총이 성역화되었다.

그는 키가 크고 용모가 뛰어났으며 효성이 지극하고 성품이 강직했다. 충북 옥천은 그가 낙향하여 제자를 기른 곳이다. 해마다 충렬제를 열어

시조로 찾아가는 문화유산

조헌 묘소 · 충청북도 기념물 제14호, 충청북도 옥천군 안남면 도농리 산63-1 소재

중봉의 충과 효를 기리고 있다. 이이, 성혼의 문인으로 시호는 문열, 저 서로 『중봉집』이 있다.

> 지당에 비 뿌리고 양류에 내 끼인 제
> 사공은 어디 가고 빈 배만 매었는고
> 석양에 짝 잃은 갈매기만 오락가락하더라

　연못에 비가 내리고 버드나무에는 안개가 끼어 있다. 사공은 어디 가 고 빈 배만 매어 있는가. 석양에 짝 잃은 갈매기만 왔다 갔다 하더라. 평 화로운 저녁 풍경을 그대로 옮겨놓은 듯 한 폭의 수묵화 같다. 나라 근심 에 애를 태운 조헌에게 이 노래는 뭔가 어울리는 것 같지 않다.

사람에게는 양면성이 있기 마련이다. 벼슬에서 물러나 향리에 있을 때 지은 시조일 것이다. 그는 평화로운 전원 생활을 꿈꾸어왔을지 모른다. 모든 갈등과 근심을 비운, 유유자적 지내고자하는 그의 이상 세계가 은연 중 투영된 것은 아닐까 생각해본다.

찾아가는 길

조헌 묘소

충청북도 옥천군 안남면
도농리 산63-1

이순신 「한산섬 달 밝은 밤에…」

李舜臣　　1545(인종 1)~1598(선조 31)

선조 30년(1597) 명·일 강화회담이 결렬되자 도요토미 히데요시는 14만 대군을 이끌고 조선을 재침공해왔다. 정유재란이었다.

선봉 고니시 유키나가의 군사와 가토 기요마사의 군사는 이미 거제도와 서생포에 진을 치고 있었다. 고시니 유키나와와 가토 기요마사가 이간책을 썼다. 이순신을 제거하는 것이 급선무였다. 고니시 부하인 이중첩자 요시라는 경상우병사 김응서에게 은밀히 접근하여 거짓 정보를 흘렸다.

"화의가 결렬된 것은 가토 기요마사 때문이오. 그를 제거하면 나의 한도 풀리고 귀국의 근심도 제거될 것이오. 가토가 아무 날 바다를 건너올 터이니 잠복해 있다 엄습하면 사로잡을 수 있을 것이오."

김응서는 왜의 술책임을 알면서도 조정에 장계를 올리지 않을 수 없었다. 지정불고(知情不告, 사정을 알고도 고하지 않음)죄에 해당되기 때문이다.

선조는 이순신에게 적을 사로잡으라 명했다. 이순신은 적의 흉계인 줄 알고 출동하지 않았다. 이순신은 생각했다. '바닷길이 험난하고 왜적이

제승당 전경 · 사적 제113호, 경상남도 통영시 한산면 한산일주로 70 소재

임진왜란 때 한산대첩을 승리로 이끈 후 지은 사당이다. 선조 26년(1593) 창건되었으나 1597년 정유재란 때 소실, 1975~6년에 재건하였다. 경내에는 제승당을 비롯해 충무사 · 유허비 · 기념비 · 한산정 · 수루 · 대첩문 등이 있다. 사진 출처 : 문화재청

필시 복병을 설치하고 기다릴 것이다. 전함을 많이 출동시키면 적이 알게 될 것이고, 적게 출동하면 도리어 습격을 받을 것이다.'

그날 가토는 다대포 앞바다에 출현했다가 그대로 서생포로 향했다. 우리 군을 유인하고자 했던 것이다.

경상우수사 원균은 전부터 이순신에게 많은 불만을 갖고 있었다. 그는 이순신이 명령을 어기고 출전을 지연했다는 상소를 올렸다. 이는 모함이었다. 선조는 크게 노했다. 조정에서는 이순신에 대한 처벌 상소가 빗발쳤다. 유성룡, 이원익의 간청에도 선조는 이순신을 잡아들이라고 명했다. 그리고 원균으로 하여금 그 자리를 대신토록 했다.

이순신은 서울로 압송되었다. 죽음 직전 정탁의 변호로 간신히 목숨만

시조로 찾아가는 문화유산

은 건졌다. 그는 권율 막하의 일개 군졸로 들어갔다. 두 번째의 백의종군이었다. 막하로 가는 도중 어머니의 부음을 받았다. 이순신은 아산으로 향했다. 영전에 통곡하고는 곧바로 초계 임지로 떠났다. 장례도 치르지 못했다.

"세상 천지에 나 같은 일을 겪는 수도 있을까. 일찍 죽는 것만 같지 못하다."

이순신은 한탄했다.

수군통제사가 된 원균은 거제도 칠전량전투에서 왜군에게 대파되었다. 장졸과 함선 대부분을 잃었고 이순신이 축적해두었던 막강한 전비도 형체를 알아볼 수 없을 정도로 파괴되었다. 원균 자신도 배를 버리고 육상으로 달아나다 적병의 칼에 맞아 죽었다.

패보가 알려지자 조정은 당황했다. 선조는 비국대신들을 불러 의논했으나 뾰족한 대책이 없었다. 이항복만이 이순신을 다시 통제사로 기용할 것을 주장했다.

통제사에 재기용된 이순신은 남해 등지를 살폈으나 군사 120인에 병선 12척이 전부였다. 도저히 왜군과 맞설 수 없는 형편없는 전비였다. 조정에서는 수군을 폐하고 육군만으로 적을 공략하라고 했다. 그러나 이순신은 이의 불가함을 아뢰었다.

"신이 아직 죽지 않았고 열 두 척의 배가 있으니(微臣不死 尙有十二) 죽을 힘을 다해 싸울 뿐입니다."

조정의 만류에도 불구하고 이순신은 비장한 결의로 전투에 임했다.

마침내 명량해전에서 대승을 거두었다. 12척으로 133척의 적군과 대결하여 31척을 부수는 대전과를 올린 것이다. 통제사로 재부임한 뒤의 최초의 대첩이었고 수군의 사기를 진작시킨 대해전이었다. 명량대첩은

현충사 · 사적 제155호, 충남 아산시 염치읍 현충사길 126 소재

충무공 이순신이 무과에 급제하기 전까지 살았던 곳으로 숙종 32년(1706)에 사당을 세우고, 숙종 33년 숙종이 직접 '현충사' 라 이름 지었다. 한때 일제의 탄압으로 쇠퇴하였다가 광복 후 1967년 국가에서 현충사 성역사업을 마쳤다. 주요 시설로 현충사를 비롯하여 이순신이 자란 옛집, 활을 쏘며 무예를 연습하던 활터, 정문인 홍살문, 셋째 아들 이면의 무덤이 있다. 충무공이순신기념관에는 국보 76호 9점(『난중일기』 7권, 『임진장초』 1권, 『서간첩』 1권), 보물 326호 6점(장검 2병, 요대 1구, 옥로 1구, 도배구대 1쌍), 보물 1564호 16점(선무공신교서, 기복수직교서 등) 등이 소장되어 있다.　　　　　　　　　　　　　사진 출처 : 문화재청

풍전등화였던 나라를 구한, 역사에 길이 남을 중대 사건이었다.

　1598년 11월 19일 일본군은 퇴각하기 위해 500여 척의 전 병력을 노량 앞바다에 집결했다. 조선 수군은 명나라 수군과 함께 적의 퇴로를 막고 총공격을 감행했다. 이순신은 진두에서 퇴각하는 적선을 향해 맹공격을 가했다. 포연이 하늘을 덮었다. 적선 400척을 격침시키고 일본 수군 수만 명을 도살 또는 수장시켰다. 도망친 적선은 겨우 50여 척에 불과했다.

정려각 · 충남 아산시 염치읍 현충사길 126 현충사 내 　　　　　　사진 출처 : 문화재청

　그러나 이순신은 도망가는 왜군을 끝까지 추격하다 그만 적의 유탄에 맞아 쓰러졌다.

　"싸움이 바야흐로 급하니 내가 죽었다 말고 독전을 계속하라."

　이순신은 마지막 말을 아들 회에게 남기고 54세의 나이로 눈을 감았다.

　이문욱은 장군의 시신을 가리고 둥둥둥 북을 울렸다. 깃발을 휘두르며 독전을 계속했다. 군사들은 분전하며 퇴각하는 왜군을 모조리 섬멸시켰다. 죽은 이순신이 산 왜군을 물리친 것이다.

　명나라 장수 진린은 싸움이 끝난 후에야 장군의 죽음을 알았다. 그는 배에서 세 번씩이나 엎어지면서 실로 고금에 그만한 이는 다시는 없다고 했다. 일본에서는 이순신을 동양의 넬슨이라고 칭송했다.

　노량해전의 대승으로 지루했던 7년간의 임진왜란은 드디어 막을 내렸다. 한 사람의 위대한 희생이 전쟁을 일시에 종식시킨 것이다.

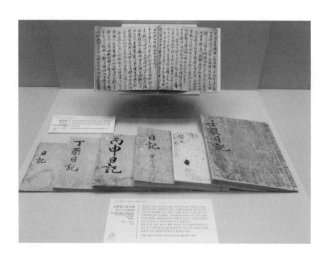

난중일기 초고본 · 충남 아산시 염치읍 현충사길 126 현충사 소장 사진 출처 : 문화재청

　이순신은 임진왜란이 일어나자 옥포, 당포, 당항포 등에서 거북선을 앞세워 적을 크게 격파했다. 한산도대첩으로 남해의 전 제해권을 장악했으며 안골포와 부산포에서도 왜군을 대파하는 등 백전백승의 전과를 올렸다. 이듬해 한산도로 본영을 옮겨 최초로 삼도수군통제사가 되었다. '한산섬' 시조는 이때 진중에서 지은 것이다.

　　　한산섬 달 밝은 밤에 수루에 혼자 앉아
　　　큰 갈 옆에 차고 깊은 시름 하는 적에
　　　어디서 일성호가는 나의 애를 끊나니

　수루는 적의 동정을 살피기 위해 성 위에 만든 누각이다. 일성호가는 한 가닥 오랑캐의 피리 소리를 말한다. 호가는 호인들이 갈잎을 말아서 불던 것으로 몹시 슬픈 소리를 낸다. 한산섬 달 밝은 밤에 수루에 혼자

시조로 찾아가는 문화유산

수루 · 경상남도 통영시 한산면 한산일주로 70 제승당 내

앉아 큰 칼을 옆에 차고 깊은 시름 하는 때에 어디서 들려오는 피리 소리
가 나의 창자를 끊는 듯하구나. 국운이 장군의 두 어깨에 달려 있을 때
홀로 적군과 맞서 싸웠던 장수의 우국충정이 시조에 고스란히 녹아 있
다. 나라의 운명이 어찌 전개되고 있었는지 이 시조 하나만으로도 당시
의 상황을 충분히 짐작하고도 남음이 있다.

명나라 수군제독 진린은 "하늘을 날줄 삼고 땅을 씨줄 삼아 천하를 경
륜할 인재요, 하늘을 깁고 해를 목욕시킬 만한 큰 공로를 세웠다(有經天
緯地之才 補天浴日之功)"라고 평했다.

『선조실록』에서 사관은 그의 죽음에 대하여 다음과 같이 평했다.

그의 단충(丹忠)은 나라를 위하여 몸을 바쳤고 의를 위하여 목
숨을 끊었네. 비록 옛날의 양장(良將)이라 한들 이에서 더할 수

있겠는가. 애석하도다! 조정에서 사람을 쓰는 것이 그 마땅함을
모르고 순신으로 하여금 그 재주를 다 펼치지 못하게 하였구나.
병신년 · 정유년 새 통제사를 갈지 않았던들 어찌 한산도의 패몰
을 초래하여 양호지방(兩湖地方, 충청 · 전라도)이 적의 소굴이 되
었겠는가. 그 애석함을 한탄할 뿐이로다.

이순신! 죽음으로 나라를 구한 지극한 충렬의 정신, 그 숭고한 인격과
위대한 통솔력은 천추에 길이 남을 것이다. 동서고금을 통해 찾아볼 수
없는 우리 민족의 위대한 스승이며 등불이다. 사람이 어떻게 살아야 하
는가를 몸소 실천으로 보여주었던 살신성인, 이순신. 진정 그는 위대한
성자였다. 혼탁한 세상일수록 그의 정신은 더욱 빛을 발할 것이다.

찾아가는 길

제승당

경상남도 통영시 한산면
한산일주로 70

　　　　　　　　시조로 찾아가는 문화유산

장경세 「엊그제 꿈 가운데…」

張經世　　1547(명종 2)~1615(광해군 7)

시절이 하수상하니 마음을 둘 데 없다
교목(喬木)도 예 같고 세신(世臣)도 갖았으되
의론(議論)이 여기저기 하니 그를 몰라 하노라

엊그제 꿈 가운데 광한전에 올라가니
님이 날 보고 가장 반겨 말하시되
먹은 마음 다 삶노라 하니 날 새는 줄 모를로다

　장경세의 「강호연군가」는 퇴계의 언지·언학의 전후 6곡 「도산십이곡」을 본받아 지은 시조이다. 위 두 곡은 전 6곡 중 셋째 수, 넷째 수이다. 전 6곡은 우국애군의 충정, 후 6곡은 존주척륙(尊朱斥陸)의 성현 학문을 읊었다.

　셋째 수는 조정에 대한 근심을 표현했다. 시절이 심상치가 않으니 내 마음 둘 데 없구나. 국가의 중신들도 신하들도 여전한데 분쟁이 여기저기 끊이지 않으니 그것을 모르겠다는 것이다.

　넷째 수는 나라를 근심하는 지은이의 복잡한 심경을 나타냈다. 엊그제

주암서원 · 전라북도 문화재자료 제21호, 전북 임실군 지사면 방계3길 46 소재

연촌 최덕지 · 암계 최연손 · 율계 장급 · 사촌 장경세 등의 위패를 모신 서원이다. 조선 인조 8년(1630)에 세웠으며, 광무 원년(1897)에 철폐되었다가 그 후 1907년에 다시 세웠다.

꿈에 광한전에 올라가니 옥황상제께서 나를 보고 반가워해 자신의 마음 속 말을 아뢰느라 날 새는 줄 몰랐다고 하였다. 꿈을 통해서라도 임금께 하소연하고 싶은 간절한 마음을 엿볼 수 있다.

　당시는 정인홍과 이이첨 등 대북 세력들이 정권을 장악, 계축옥사를 일으키던 때이다. 영창대군을 죽이고 김제남을 사사하고 인목대비를 유폐시켰으니 나라를 걱정하는 마음이 오죽했으랴. 무슨 말을 간절히 하고 싶었을 장경세였을 것이다. 이리 표현할 수밖에 없었을 당시의 상황이 미루어 짐작된다.

　장경세는 남원 출생으로 본관은 흥성이며 자는 겸선, 호는 사촌이다. 경사백가에 두루 통하고, 성리학에 조예가 깊었다. 시문으로는 당송팔가의 맥을 이었다고 평하고 있다. 사우 관계로 노진을 비롯 김복흥 · 양사

형·최상중 등이 있다.

1589년 43세로서 증광문과에 병과로 급제, 교서관저작을 거쳐 1593년 공주제독관으로 있다 얼마 뒤에 승문원박사로 옮겨 공조·예조 좌랑, 전라도사를 역임했다. 1602년 노모를 모시기 위해 금구현령으로 나갔다 실정으로 탄핵을 받아 물러났다. 이후 벼슬을 단념하고 시문을 즐기며 여생을 보냈다.

> 니구에 일월이 밝아 우항에 비치었다
> 욕기춘풍(浴沂春風)에 기상이 어떻던고
> 천재(千載)에 위연탄식(喟然歎息)하시던 소리 귀에 가득하여라

> 득군행도(得君行道)는 군자의 뜻이로되
> 시절 곳 어기면 고반(考槃)을 즐겨하네
> 소담한 송풍산월(松風山月)이야 나뿐인가 하노라

위 시조는 「강호연군가」 후 6곡의 첫째 수, 여섯째 수이다. 후 6곡은 성현 학문의 정통과 말류에 대한 자신의 심경을 표현했다.

첫째 수는 공자의 가르침이 지금도 귀에 쟁쟁하다는 내용이다. 니구는 공자가 태어난 노나라 추읍 창평향, 곤주 곡부현에 있는 산 이름이다. 일월과 같이 밝은 공자의 가르침은 세상 사람들을 깨우치고 있다고 말하고 있다. 제자들과 기수에서 목욕하며 바람 쐬던 그 기상이 어떠하냐고 물으면서 혼란한 세상을 탄식하던 수천 년 전 공자의 말씀이 귀에 쟁쟁하다는 것이다.

여섯째 수는 자신의 뜻을 알아주는 임금을 만나면 도를 행하는 것이고 임금이 알아주지 않는다면 은거하여 풍류를 즐길 뿐이라는 말로 시작한

다. 담담한 멋을 아는 솔숲의 바람과 산중의 달을 즐기는 이는 자신뿐이라고 하였다.

　장경세의 작품으로는 「강호연군가」 외 「정부사」 「상사곡」 「유선사」, 한문소설인 「몽김장군기」 등이 있다. 남원의 주암서원에 배향되었으며 저서로 『사촌집』이 전하고 있다.

찾아가는 길

주암서원

전북 임실군 지사면 방계3길 46

이원익 「까마귀 참 까마귀…」

李元翼   1547(명종 2)~1634(인조 12)

인조는 은퇴한 이원익이 어떻게 사는지 보고 오라고 했다. 보고를 받은 인조는 깜짝 놀랐다. 다 쓰러져가는 초가집에 살면서 돗자리를 팔아 생계를 유지하고 있다는 보고를 받았다.

"40년 정승이 집 한 칸 없다는 것이 말이 되는가?" 인조는 집을 지어주라고 하교했다. 이원익은 집의 하사를 네 번이나 거절했다. 인조는 백성과 신하들의 본보기로 삼겠다며 거듭 하사했고 결국 이원익은 임금의 간곡한 당부를 받아들였다.

이원익이 공신 책봉이 되고 나서 선조가 "당신이 눈을 들어 보이는 땅은 다 주겠다"고 하자 바늘을 들어 바늘 구멍을 통해 보이는 땅만 가졌다. *

청렴이라고 하면 이원익을 떠올리는 이유이다.

이원익은 선조, 광해, 인조 때의 문신으로 호는 오리이며 본관은 전주로 태종의 왕자 익령군의 4대손이다. 당시 왕손은 4대까지 벼슬을 못하는 것이 국법이었다. 이원익 대에 이르러 과거를 볼 수 있는 자격이 주어

---

*   KBS 학자의 고향 제작팀, 『학자의 고향』, 서교출판사, 2013, 156쪽.

졌다. 그는 18세에 생원이 되고 23세에 문과에 급제했다.

까마귀 참 까마귀 빛이나 깨끗하던가
소양전 일영을 제 혼자 띠어온다
뉘라서 강호에 잠든 학을 상림원에 날릴꼬

우부승지 시절 성균관 유생들이 올린 상소를 승정원이 가로막고 있다는 탄핵이 올라왔다. 진노한 선조는 탄핵 상소를 쓴 주모자를 밝히라고 명했다. 이원익은 원칙에 어긋난다며 임금의 영에 응하지 않았다. 그로 인해 이원익은 4년간 야인 생활을 해야 했다. 위의 시조는 이때 쓴 것이 아닌가 생각된다.

까마귀, 참 까마귀, 빛이나 깨끗하던가. 까마귀의 불결함을 탓하고 있다. 소양전 그림자를 띤 까마귀는 임금의 총애를 받는 신하이다. 까마귀는 권력을 전횡하던 북인을 지칭한 것이다. 소양전은 한나라 때 황제의 총애를 받던 후궁이 거쳐하는 궁궐 이름이다. 까마귀와 대조되는 강호에 잠든 학을 상림원에 날리고 싶다는 것이다. 강호는 중국의 삼강 오호의 약칭으로 은자들이 사는 세상이다. 상림원은 중국 서남쪽에 있는 진한 때의 어원(御苑)을 말한다. 학처럼 고결한 재야 선비를 조정에 들이고 싶다는 것을 그리 에둘러 표현했다.

임진왜란 때 조정은 파천을 결행했다. 한밤중 폭우가 쏟아졌다. 선조가 경복궁을 떠나자 성난 백성들이 임금의 행렬을 가로막았다. 이때 임금의 피난을 책임진 인물이 이원익이었다.

광해군은 실무와 경륜이 뛰어난 이원익을 다시 영의정으로 임명했다.

전란으로 백성들은 말할 수 없는 어려움을 겪었다. 이원익은 세금 제도의 개혁을 주장했다. 이것이 대동법의 모체가 되는 대공수미법이다. 대동법은 전란의 피해를 복구하고 백성의 부담을 줄이려는 목적에서 공납을 쌀로 걷는 제도를 말한다. 왕권에 도전하는 것으로 여겨질 수도 있으나 이원익은 이를 소신 있게 밀고 나갔다. 실무적 관료의 면모를 유감없이 발휘한 것이다.

이원익이 제안한 대동법을 실천에 옮긴 인물이 김육이다. 김육은 충청도관찰사 시절 백성의 수탈 방법이었던 공물법을 폐지하고 미포로 대납하는 대동법을 실시했다. 이러한 집념은 자신이 가평 잠곡에서 목격한 백성의 곤궁한 생활상과, 각

김육비 · 충청남도 문화재자료 제237호, 충남 아산시 신창면 읍내리 297 소재

지방의 수령 · 감사로 재직했던 경험들이 뒷받침이 되었다. 『효종실록』은 김육을 다음과 같이 평했다.

평소에 백성을 잘 다스리는 것을 자신의 임무로 여겼는데 정승이 되자 새로 시행한 것이 많았다. 양호(兩湖)의 대동법은 그가 건의한 것이다. 다만 자신감이 너무 지나쳐서 처음 대동법을 의논할 때 김집과 의견이 맞지 않자 김육이 불만을 품고 상소로 여러 차례에 걸쳐 김집을 공격하니 사람들이 단점으로 여겼다. 그가 죽자 상이 탄식하기를 '어떻게 하면 국사를 담당하여 김육과 같

이 확고하여 흔들리지 않는 사람을 얻을 수 있겠는가 하였다

김육 스스로도 "내가 처음부터 끝까지 대동법 이야기만 꺼내니 사람들이 웃을 만도 하다"라고 고백할 정도였다. 그의 대동법에 대한 집념이 얼마나 대단했었는지를 알 수 있다. 그는 대동법에 대한한 살아 있는 화신이었다.

1654년 6월에 다시 영의정에 오르자 대동법을 확대하고자 「호남 대동사목(湖南大同事目)」을 구상했다. 이를 1657년 7월에 효종에게 바쳐 전라도에도 대동법을 실시하도록 건의했다. 찬반 논의가 진행되는 중에 죽어, 이 사업은 그의 유언에 따라 뒷날 서필원에 의해 이어졌다.

대동법시행기념비 · 경기도 유형문화재 제40호, 경기 평택시 소사동 140-1 소재

호남의 일에 대해서는 신이 이미 서필원을 추천하여 맡겼는데, 이는 신이 만일 갑자기 죽게 되면 하루아침에 돕는 자가 없어 일이 중도에서 폐지되고 말까 염려되어서입니다. 그가 사은하고 떠날 때 전하께서는 힘쓰도록 격려하여 보내시어 신이 뜻한 대로 마치도록 하소서. 신이 아뢰고 싶은 것은 이뿐만이 아

시조로 찾아가는 문화유산

닙니다만 병이 위급하고 정신이 어지러워 대략 만분의 1만 들어 말씀드렸습니다. 황송함을 금하지 못하겠습니다.

운명의 순간까지도 전라도 대동법안을 유언으로 상소할 만큼 김육은 대동법에 대한 강한 의지와 집념을 보였다.

대동법은 조선 최고의 조세 개혁이었다. 대동법 시행 이후 공부의 불균형과 부역의 불공평이 없어졌으며, 민간 상거래가 원활하게 이루어지는 원동력이 되었다. 이 대동법은 선조 41년(1608)부터 고종 31년(1894)까지 실시되었다. 김육은 이 법에 평생을 바쳤다. 대동법이 시행될 당시 "백성들은 밭에서 춤을 추고 개들은 아전을 향해 짖지 않았다"는 말까지 떠돌 정도였다.

김육이 세상을 떴을 때 충청도 백성들은 부모를 보낸 것처럼 슬퍼했다. 상가에서 부의금을 받지 않자, 백성들은 이를 모아 고인의 공덕을 기릴 추모비를 세워줄 것을 청원했다. 효종 10년(1659) 충청도에서 서울로 향하던 첫 번째 역원, 소사원에 이 비를 세웠다. 본래 이름은 김육대동균역만세불망비(金堉大同均役萬世不忘碑) 또는 호서선혜비(湖西宣惠碑)였으나 작금의 공식 명칭은 '대동법시행기념비'이다. 이 글귀로는 당시 백성들의 간곡한 추도의 마음을 읽을 수 없다. 비의 원 명칭은 '조선국영의정김공육대동균역만세불망비(朝鮮國領議政金公堉大同均役萬世不忘碑)'이다. 대동법과 균역으로 백성을 사랑해준 은공을 오래오래 잊지 않겠다는 뜻이다. 비문은 홍문관부제학 이민구가 짓고 의정부우참찬 오준이 글씨를 썼다. 본래 위치는 현재보다 마을 쪽으로 100여 미터 아래 옛 소사원 터에 있었으나 1970년 현재 위치로 옮겼다. 높이는 300센티미터, 너비 85센티미터, 두께 24센티미터이다.

익산에도 선정비 '김육불망기' 두 기가 있다. 전북 익산시 함열리 477에 있는 익산시 향토유적 제11호가 그것이고, 익산시 용안면 교동리 299번지 용안 동헌 뜰에 있는 비가 그것이다. 충남 아산시 신창면 읍내리에도 그의 송덕비인 '김육비'가 있다.

대동법이 얼마나 많은 백성들에게 영향을 끼쳤고 얼마나 많은 백성들에게 칭송의 대상이 되었는지를 알 수 있다. 김육은 대동법의 대명사이다. 이는 이원익의 대동법에 대한 노고와 희생 없이는 불가능한 일이었다.

역대 재상 중 임금께 집을 하사받은 사람은 셋뿐이다. 세종 때 황희, 인조 때 이원익, 숙종 때 허목이 집을 하사받았다. 이 세 사람이야말로 임금의 관감을 입은 명예로운 청백리 정승이었다(이덕무의 「청장관전서」).

인목대비 폐모 사건으로 이원익은 일흔의 나이에 홍천으로 유배되었다. 정인홍, 이이첨 등은 인목대비를 두둔했다 하여 이원익을 죽여야 한다고 임금을 압박했다. 광해군은 영상을 차마 죽일 수가 없었다.

이원익이 홍천에 이르자 타들어가는 논과 밭에 큰비가 내렸다. 사람들은 밖으로 뛰쳐나와 외쳤다.

"보라. 상공우가 내린다!"

우연의 일치이겠지만 백성들은 이원익의 덕에 하늘이 감화하여 큰비를 내려주었다고 믿고 있었다. 이원익에 대한 백성들의 존경심이 어떠했는지를 짐작할 수 있다.

이원익은 시 한 수를 남겼다.

작년에 봄날씨 가물어 보리 흉년 걱정했는데
금년엔 응당 큰 풍년 있을 줄 알리라

아침에 단비가 내려 논두렁에 물이 가득하니
지친 농민들 노래하고 춤추며 김을 매누나

인조반정 후 광해군을 사사해야 한다고 했을 때도 자신이 모셨던 주상을 사사한다면 자신도 떠날 수밖에 없다고 맞섰다. 이원익은 목숨을 걸고 광해군을 보호하기도 했다. 『선조실록』은 아래와 같이 기록하고 있다.

소신의 생각으로는 경상도에 있는 많은 장수들 가운데 순신이
제일 훌륭하다고 여겨집니다.

정유재란 당시 이순신이 역적으로 몰렸을 때 이원익은 이순신을 끝까지 옹호했다. 신념과 원칙은 그의 생활 철칙이었다. 그를 교체하면 모든 일이 잘못될 것이라고 주장했다. 이원익은 이렇게 이순신을 높이 평가했다. 그가 나라를 위기에서 구하는 데 결정적인 역할을 한 것이다.

녹양이 천만사인들 가는 춘풍 잡아매며
탐화봉접인들 지는 꽃을 어이하리
아무리 사랑이 중한들 가는 님을 어이리

푸른 버들이 천만 가지 늘어져도 가는 춘풍을 잡아맬 수는 없다. 꽃을 찾는 벌 나비라도 지는 꽃을 어찌 막을 수 있겠는가. 아무리 사랑이 중하다 해도 가는 님을 어찌하겠느냐. 가는 님을 잡을 수 없다고 한탄하고 있다. 유배 시절에 지은 시조일 것이다. 연주시이다. 어쩌면 이원익은 이 시조로 광해군의 미래를 예견했는지도 모른다.

오리 이원익 기념관 · 경기도 광명시 오리로 287 소재

오리 이원익의 유물과 자료를 전시하는 곳이다. 전시실에는 이원익의 영정을 비롯『오리집』
『오리선생집』, 자작시, 유서, 손자 수약에게 쓴 글 등이 전시되어 있다. 근처에 이원익 선생
묘 및 신도비, 후손들이 건립한 충현박물관이 있다.   사진 출처 : 두산백과

그가 1633년 죽음에 이르러 막내 사위 윤영에게 이런 말을 했다고 한다.

　　나의 평생 지론이 혹 맞지 않은 것도 있었고, 재물을 보고 혹
　　피하지 않은 것도 있었다. 옳은 일을 두고도 용기를 미처 내지
　　못한 일도 있었다. 내가 죽은 뒤에 만약 나를 잘 모르는 사람이
　　묘지명을 쓰게 되면 잔뜩 과장하여 사실보다 칭찬함으로써 오
　　히려 나를 더욱 부덕한 사람으로 만들까 염려된다. 생각건대 평
　　소에 나를 잘 아는 사람으로는 이준밖에 없다. 그에게 나의 평생
　　이력의 대략을 순서대로 적어달라고 하거라.

　　그는 부제학 이준에게 부탁하여 자신의 묘비명을 지어달라고 했다. 후
세의 귀감이 되는 이유이다.

　　　　　　　　　　　　　　　　　　　시조로 찾아가는 문화유산

이원익 초상 · 보물 제1435호, 경기도 광명시 오리로 347번길 5-6 충현박물관 소장

부음이 전해지자 인조는 크게 애도하고 3일 동안 조회를 중지했으며 도성 백성들은 저자를 철폐하고 회곡했다. 궁벽한 시골 백성들까지도 슬피 울지 않은 사람이 없었으며 '우리 공이 아니었으면 우리는 남아 있지 못했을 것이다' 라고 하면서 서로를 조상했다고 한다.

완전한 인간으로 살아온 사람은 어디에도 없다. 잘못을, 부덕을 인정하는 사람은 참으로 용기 있고 덕 있는 사람이다. 선조, 광해군, 인조의 세 임금을 모셨던, 다섯 차례나 영의정에 오르고 40년 동안 정승을 지냈

던 명재상 이원익. 남인이었지만 성품이 원만하여 정적을 사지 않았던,
조선의 청백리였던 오리 이원익. 그는 과거의 인물이면서 현재에 살아
있는 인물이다.

찾아가는 길

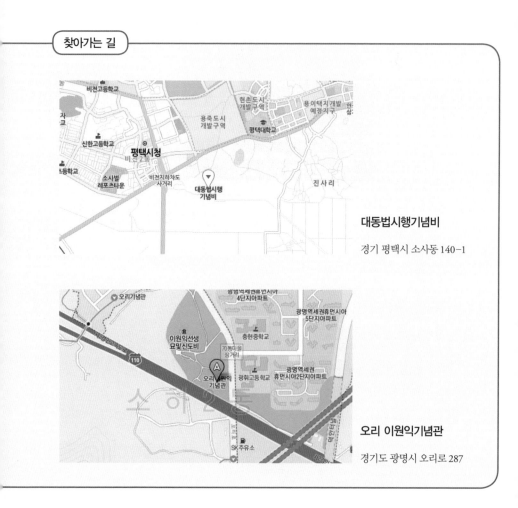

대동법시행기념비

경기 평택시 소사동 140-1

오리 이원익기념관

경기도 광명시 오리로 287

시조로 찾아가는 문화유산

김장생 「대 심어 울을 삼고…」

金長生　1548(명종 3)~1631(인조 9)

대 심어 울을 삼고 솔 가꾸어 정자로다
백운 덮인 곳에 날 있는 줄 제 뉘 알리
정반에 학배회하니 긔 벗인가 하노라

십 년을 경영하여 초려 삼간 지어내니
나 한 간 달 한 간에 청풍 한 간 맡겨두고
강산은 들일 데가 없으니 둘러두고 보리라

　자연합일, 안빈낙도의 경지는 이를 두고 한 말이리라. 벼슬에서 물러
났을 때 지은 것으로 보인다. 김장생은 벼슬보다는 학문과 교육에 큰 가
치를 두었다.

　첫 수에서는 전원의 풍경을 제시했다. 대로 울타리를 하고 솔로 정자
를 삼는다고 했다. 송죽은 군자의 덕과 절개를 상징한다. 자신은 백운이
덮인 곳에 있다고 했다. 백운은 청운과 대조되는 말로 벼슬에 뜻을 두지
않고 자연 속에 한가로이 산다는 것을 말한다. 뜰 가에 배회하는 학이 바
로 나의 벗이라고 했다. 자신은 학과 더불어 노닐며 자연과 하나가 되고

논산 돈암서원 · 사적 제383호, 충청남도 논산시 연산면 임3길 26-14 소재

김장생 선생의 덕을 기리기 위해 인조 12년(1634)에 건립한 서원이다. 현종 원년(1660)에 왕이 돈암이라는 현판을 내려주어 사액서원이 되었으며, 김집, 송준길, 송시열을 추가로 모시었다. 흥선대원군의 서원철폐령 이후에도 남은 47개의 서원 중의 하나이다. 사진 출처 : 문화재청

싶다는 것이다.

공간을 자유자재로 배분하는 솜씨가 능란하다. 십 년을 노력해서 초가 삼간을 마련했다. 그것을 나 한 간, 달 한 간 나머지 한 간은 청풍에 맡겨 둔다는 것이다. 그리고 강산은 들일 데가 없어서 병풍처럼 둘러두고 보겠다는 것이다. 문틈으로 바람이 지나가고 지붕 틈으로는 달이 보이는 초라한 초가삼간이다.

세상은 마음 먹기에 달려 있다. 가난하지만 가지지 못할 뿐이지 누릴 수 있는 것이 너무나 많다. 청백리에 뽑힐 만큼 청렴했으므로 초가삼간을 짓고 살았다는 말은 과장은 아닐 듯싶다. 그는 벼슬에서 물러나면서 자연과 함께 유유자적하게 살았다.

소동파의 「전적벽부」에서 "강 위의 맑은 바람과 산간의 밝은 달은 귀

시조로 찾아가는 문화유산

로 들으면 소리가 되고 눈으로 보면 빛을 이루어서 가져도 금할 이 없고 써도 다함이 없으니 조물주는 무진한 보물이니 나와 그대가 함께 누릴 바이다(惟江上之淸風 與山間之明月 而得之而爲聲 目遇之而成色 取之無禁 用之不竭 是造物者之無盡藏也 而吾與者之所共適)”라고 말한 바 있다.

자연이 주는 혜택이 무진장하니 초가삼간이라도 자연을 둘러두고 마음껏 즐기겠다는 것이다. 그는 자주 조정에 불려 나갔으나 전원으로 돌아와서는 이런 생활을 실천했을 것이다.

선조는 열네 명의 왕자를 낳았다. 둘째 왕자 광해군이 왕위에 올랐으나 반정으로 쫓겨났고 선조의 다섯째 왕자인 정원군의 아들이 왕위에 올랐다.

김장생은 광해군은 쫓겨난 왕이고 인조는 할아버지 선조의 대를 이었기 때문에 선조가 인조의 아버지가 되고 정원군은 인조의 숙부가 되어야 한다고 주장했다. 이는 조정의 논란을 불러일으켰다.

돈암서원 장판각 · 충청남도 논산시 연산면 임3길 26-14 돈암서원 내

『사계전서』『신독재전서』등의 목판이 보관되어 있다. 사진 출처 : 두산백과

계룡 사계고택의 현판 · 충남 계룡시 두마면 사계로 122-4 사계고택 내
여초 김응현의 글씨이다.

"사람에겐 할아버지가 있은 연후에 아버지가 있고, 아버지가 있은 연
후에 자신이 있게 마련이다. 할아버지만 있고 아버지가 없을 수 있는가."

인조는 아버지 정원군을 대원군으로 봉해 '고(考, 아버지)'의 정당성을
부여했고 정원군을 원종으로 추존하여 김장생의 예론에 쐐기를 박았다.
이것은 인조의 어머니 계운궁이 사망했을 때 복제 문제까지 이어지면서
8여 년간의 긴 논쟁거리가 되었다. 이때 인조와 김장생, 예관들과 김장
생 사이에 오고 간 편지들이 『전례문답』으로 전해지고 있다. 김장생은
인조의 노여움을 사면서도 정원군의 원종 추존에 반대했고 정원군을 숙
부라 불러야 한다는 주장을 끝까지 굽히지 않았다.

이괄의 난이 일어났을 때는 77세의 고령에도 피난길의 인조를 공주까
지 호종했고, 정묘호란이 일어났을 때는 80 노구를 이끌고 의병을 모집
했으며 강화도 행궁에 입시하는 등 임금에 대한 예를 다했다.

김장생은 1631년 사망할 때까지 당대 사림의 상징적 존재였으며 국가
의 부름이 끊이지 않았던 말년의 7, 8년은 그 생애의 전성기였다. 반정공
신 이귀로부터 김상헌에게 전해진 세도는 김장생에게 위임되어 서인 정
권의 확립에 결정적인 역할을 했다. 그 후 그의 세도를 이어받은 제자 송

시조로 찾아가는 문화유산

염선재 · 충청남도 문화재자료 제316호, 충청남도 계룡시 사계로 5-16 소재

김장생의 부인 순천 김씨의 재실. 김씨는 김장생의 계배로 출가하여 남편이 죽자 3년상을 마친 후 음식을 전혀 먹지 않고 자결하였다.   사진 출처 : 문화재청

시열은 서인 정파의 학문적, 정치적 핵심 인물이 되었다. 김장생 문하에서 배출된 많은 인재는 조선 후기 사회에서 서인 정파가 주도적인 역할을 하는 데 초석을 놓았고, 이 문하에서 배출된 기라성 같은 인물군이 조선 후기 사회의 동량이 되었다. *

  김장생은 선조 · 광해 · 인조 때의 학자로 본관은 광산이고 자는 희원이며 호는 사계이다. 충청도 연산 사람이다. 송익필에게 예학을, 이이에게는 성리학을 배워 조선 중기 예학과 성리학의 거두가 되었다. 사계 김장생의 예학은 아들 신독재 김집에게 계승되었고, 이후 우암 송시열에게 전해져 서인을 중심으로 한 기호학파로 크게 발전했다. 문인들 사이에서는 김장생을 '노선생', 아들 김집을 '선생'으로 불렀다고 한다.

---

*   정옥자, 『우리가 정말 알아야 할 우리 선비』, 현암사, 2002.

저서로는 1583년 첫 저술『상례비요』4권을 비롯,『가례집람』『전례문답』『의례문해』등 예에 관한 것이 있고,『근사록석의』『경서변의』와 시문집을 모은『사계선생전서』가 전한다.

1688년 문묘에 배향되었으며, 연산의 돈암서원을 비롯, 안성의 도기서원 등 10여 개의 서원에 제향되었다. 시호는 문원이다. 그는 의론이 화평하고 각박한 말은 하지 않았지만 시비와 사정은 엄격하게 따졌다고 한다. 사계는 이렇게 꼿꼿한 선비였다.

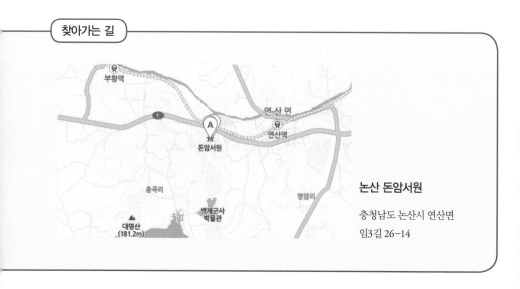

찾아가는 길

논산 돈암서원

충청남도 논산시 연산면
임3길 26-14

시조로 찾아가는 문화유산

임제 「북천이 맑다커늘…」

林悌　1549(명종 4)~1587(선조 20)

　　임제는 호가 백호이며 명종 4년(1549)에 나서 선조 20년(1587) 39세로
요절하였다. 그는 면앙정 송순의 회방연(回榜宴, 급제한 지 60년이 되는
잔치, 면앙정의 나이 81세 때임)에 송강 정철과 함께 송순의 가마를 멜
정도로 당대의 멋쟁이었다. 당파싸움이 싫어 속유들과 벗하지 않고, 법
도 밖의 사람이라 하여 선비들은 그와 사귀기를 꺼렸다. 권력이나 벼슬
에 매력을 느끼지 않은 위인이었다. 그에게는 오직 낭만과 정열 그리고
문학이 있을 뿐이었다. 일찍 요절한 천재였으며 패기가 하늘을 찌를 듯
한 호남아였다. 또한 시국을 강개하는 지사적인 인물이기도 했다.
　　외손자 허목이 쓴 그의 묘비명에도 그런 면이 나타나 있다.

　　　　공은 자유분방하여 무리에서 초탈한 데다 굽혀서 남을 섬기기
　　를 좋아하지 않은 때문에 벼슬이 현달하지 못했다.

　　임제 자신도 성질이 거칠고 뻣뻣한 사람이라 어린 시절에 공부를 하지
않고 자못 호협하게 놀기를 일삼아, 기방이며 술집으로 발길이 미치지

않은 곳이 없었다*고 스스로 자신의 성격을 인정했다.

가전체 소설을 비롯하여 700여 수의 많은 한시를 남겼는데 특히 그의 시조 6수는 전부가 여인들과의 사랑 노래이다. 벼슬에 뜻이 없어 전국을 노닐면서 시와 술로 울분을 달래었다. 그는 여인들과 많은 염문과 일화를 남기고 갔다.

어느 날 밤이었다. 두 사람은 술자리에 마주 앉았다. 한 잔, 두 잔, 석잔, 넉 잔, 취기가 돌기 시작했다. 임제는 가만히 있을 수가 없었다. 눈을 지그시 감고 나직한 목소리로 시조 한 수를 읊었다.

북천(北天)이 맑다커늘 우장(雨裝) 없이 길을 나니
산에는 눈이 오고 들에는 찬비로다
오늘은 찬비 맞았으니 얼어 잘까 하노라

얼마나 멋진 은유인가? 북쪽 하늘이 맑아서 우산 없이 길을 나섰다. 산에는 눈이 오고 들에는 찬 비가 내리기 시작했다. 찬 비를 흠뻑 맞았다. 나를 맞아주지 않는다면 찬 이불 속에서 혼자 잘 수밖에 없지 않은가? 이 시조는 백호가 기녀 한우(寒雨)에게 준 「한우가(寒雨歌)」이다. 당시 한우라는 기녀는 재색을 겸비한 데다 시문에도 능하고 거문고와 가야금에도 뛰어났다. 노래 또한 절창이었다.

밤은 깊어갔다. 멀리서 개 짖는 소리만이 문풍지를 짧게 찢을 뿐이었다. 한참 동안 침묵이 흘렀다. 가득 부은 술잔을 한우는 단숨에 비웠다. 가야금에 얹은 손이 떨렸다. 더운 열기로 한참을 임제의 얼굴을 쏘아보

---

*   허시명, 『조선문인 기행』, 오늘의 책, 2002.

나주 영모정 · 전라남도 기념물 제112호, 전남 나주시 다시면 회진길 14-22 소재

중종 15년(1520) 귀래정 임붕이 건립한 정자이다. 초기에는 임붕의 호를 따 '귀래정'이라 불렸으나 명종 10년(1555)에 후손이 재건하면서 '영모정'으로 이름을 바꾸었다. 이곳 회진에서 출생하여 조선시대 문장가로 이름난 백호 임제가 시를 짓고 선비들과 교류하던 공간이다. 귀래정나주임붕유허비, 백호임제선생기념비가 있다.   사진 출처 : 문화재청

앉다. 둥기둥 첫 줄이 울렸다.

> 어이 얼어 자리 무슨 일로 얼어 자리
> 원앙침 비취금을 어디 두고 얼어 자리
> 오늘은 찬 비 맞았으니 녹아 잘까 하노라

폭풍우가 몰아치듯 폭풍우가 지나간 듯, 성난 파도였다가, 조용한 물

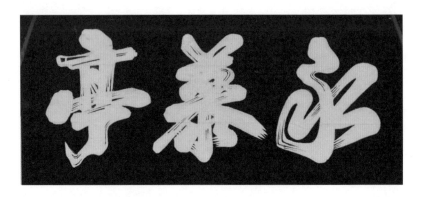

영모정 편액 · 전남 나주시 다시면 회진리 90 영모정 내

살이었다가 허공으로 부서지는 가락은 참으로 아름다웠다. 임제는 짐짓 내색 하나 하지 않고 태산처럼 앉아 가만히 듣고 있었다.

노랫소리가 멎었다. 한우는 숨을 몰아쉬며 뜯고 있던 가야금을 내려놓았다. 옷매무새를 다시 고치고는 다소곳이 앉아 있었다. 멀리서 다듬잇소리가 야음을 타고 길게도 들려왔다가 짧게도 들려왔다.

무엇 때문에 얼어 주무시렵니까? 무슨 일로 얼어 주무시렵니까? 원앙침 베개, 비취금 이불 다 있는데도 왜 혼자 주무시려고 하시는 겁니까? 오늘은 찬 비를 맞으셨으니 저와 함께 따뜻하게 주무시고 가십시오. 한우는 은근하게 그리고 속되지 않게 자신의 메시지를 청아한 목소리에 실려 보냈다. 이쯤 되면 아무리 무정한 사람이라도 녹지 않을 사람이 어디 있으랴.

『해동가요』에는 다음과 같은 기록이 전하고 있다.

임제는 자를 자순, 호는 백호라 하며 금성인이다. 선조 때에 과거에 급제, 벼슬은 예조정랑에 이르렀다. 시문에 능하고 거문

고를 잘 타며 노래를 잘 부른 호방한 선비였다. 이름난 기녀 한
우를 보고 이 노래를 불렀다. 그날 밤 한우와 동침하였다.

임제의 멋도 멋이려니와 한우의 멋 또한 임제를 능가하고 있다. 풍류
로 따진다면 난형난제요 용호상박이다.

한번은 임제가 좋아하는 기녀에게 부채를 선사하였다. 거기에는 다음
과 같은 글이 적혀 있었다.

> 엄동에 부채를 선사하는 이 깊은 마음을
> 너는 아직 어려서 그 뜻을 모르리라마는
> 그리워 깊은 밤에 가슴 깊이 불이 일거든
> 오뉴월 복더위 같은 불길을 이 부채로 식히렴

가슴에 불이 붙으면 무엇으로도 끌 수가 없다. 끌 수 있는 것은 사랑뿐
이다. 사랑하면 달아나고, 사랑하지 않으면 달려오는 끝없는 심술을 어
쩔 것인가. 엄동설한 추운 겨울에 부채를 보내는 심사는 심술궂지만 그
차원 높은 역설의 논리엔 정회와 낭만이 넘친다.

임제는 황진이 사후 9년 뒤에 태어나 그녀 얼굴을 한 번도 본 일이 없
다. 평소에 임제는 황진이를 흠모하여 송도에 가기를 원했었다. 기회가
되어 송도에 갔으나 이미 이승의 사람이 아니었다.

> 청초 우거진 골에 자는다 누었는다
> 홍안은 어디 두고 백골만 묻혔는다
> 잔 잡아 권할 이 없으니 그를 슬어하노라

물곡사비(勿哭辭碑) · 전남 나주시 다시면
회진길 14-22 소재

임제가 아들들에게 남긴 '내 죽음에 곡을
하지 말라'는 유언이 새겨져 있다.

임제가 평안평사로 부임할 때 황진이가
묻힌 무덤을 지나면서 황진이와 대작할
수 없는 아쉬움을 나타낸 시조이다. 이 시
조로 인하여 임제는 관직에서 삭탈당하는
수모를 겪었다. 한 나라의 관리가 일개 기
생의 무덤 앞에서 이런 한탄을 했다 하여
임금의 노여움을 샀던 모양이다.

그렇다고 이를 두려워할 임제가 아니
다. 그에게는 낭만과 정열 그리고 문학이
있을 뿐이다. 풍류를 위해 벼슬도 마다
했다.

일지매와의 일화 한 토막을 소개한다.

일지매는 색향으로 유명한 평양의 명
기였다. 그녀는 용모, 자태와 문장, 가무
가 뛰어났으며 성품 또한 도도했다. 부
도 권력도 그녀를 사로잡을 수 없었다.
뭇 남성들에게는 선망의 대상이었다.

어느 해 여름이었다. 임제가 평양을
들렀다. 일지매의 이야기를 듣고 그녀를 한번 꺾어보고 싶은 생
각이 들었다. 자신의 시재를 동원하면 자신 있을 것이라는 생각
이 들었다.

몸종과 생선을 흥정하는 체하며 시간을 끌다가 그 집 문간방
에서 하루를 묵기로 했다. 쓸쓸한 방에서 홀로 팔을 베고 누워
깊은 생각에 잠겼다. 창밖에는 고요한 달빛이 휘영청 밝았다. 어

시조로 찾아가는 문화유산

디선가 달빛을 타고 청아하게 거문고 소리가 들려왔다.

홀로 있는 밤은 일지매에게는 못 견디게 외로웠다. 자신의 생활이 후회스러웠다. 한 가정의 주부이고 싶었다. 한 지아비의 아내이고 싶었다. 엄습하는 고독은 그녀로 하여금 거문고를 타게 한 것이다. 적막한 달밤 거문고 소리는 유난히 맑았다. 그 소리가 임제의 방에까지 들려온 것이다.

임제에게는 때가 온 것이다. 그는 허리춤에서 피리를 꺼내 거문고 소리에 화답했다. 멋들어지게 어울리는 절세의 화음이었다. 놀란 것은 일지매였다.

"내 거문고 소리에 화답하는 사람은 과연 어떤 사람일까?"

일지매는 피리 소리에 끌려 뜰로 내려섰으나 아무 기척이 없었다. 담장 너머 쳐다보았다. 이리저리 기웃거려도 보았다. 사람의 그림자라고는 찾아볼 수가 없었다. 섬돌 위에 홀로 올라섰다. 자신도 모르게 긴 한 숨을 쉬며 탄식했다.

"원앙금침을 누구와 함께 잘까……."

일지매가 혼자 중얼거렸다.

"나그네의 베갯머리 한 끝이 비었는데……."

임제가 대꾸했다.

일지매는 다시 한 번 놀랐다.

"문간방에 든 사람은 틀림없는 생선장수였는데 그 생선장수의 목소리가 아닌가?"

그녀는 문간방으로 다가갔다.

"어인 호한이 아녀자의 간장을 녹이는고……."

무슨 말이 더 이상 필요하겠는가.

나무꾼과 선녀는 술잔을 주고받으며 밤이 가는 줄 몰랐다. *

---

* 박을수, 『사랑 그 그리움의 샘』, 아세아문화사, 1995

임제가 숨을 거두기 전 아들에게 유언으로 남긴 말이 있다.

"사방 여러 나라 중에 황제를 지칭하지 않는 나라가 없는데 유독 우리 나라만 그러지 못하니, 이런 못나고 욕된 나라에서 태어나 죽었다고 무엇이 아깝고 서럽겠느냐. 내 죽음에 곡을 하지 마라."

찾아가는 길

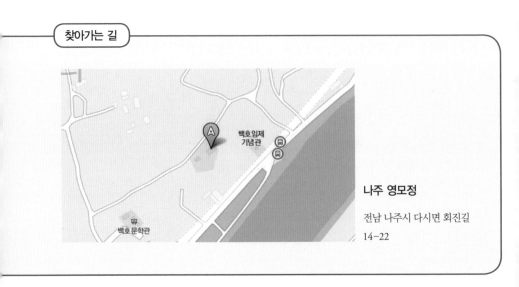

나주 영모정

전남 나주시 다시면 회진길 14-22

시조로 찾아가는 문화유산

홍적 「어제 오던 눈이…」

洪迪　1549(명종 4)~1591(선조 24)

　　홍적은 선조 때의 문신으로 자는 태고이고 호는 양재 또는 하의이다.
어려서부터 재명이 있었다. 22세에 도산서원으로 이황을 찾아가 학문의
요체를 물었다. 이황은 "훌륭하다. 내 친구 홍인우가 죽지 않았구나"라
고 감탄했다. 그리하여 홍인우·홍적 부자는 이황의 제자가 되었다.

　　경학에 밝았으며 논변과 사색을 잘하여 '완전한 재주를 갖춘 학사전재
(學士全才)'라 불렸다.

　　　당초 동인이니 서인이니 하는 말이 있었을 적부터 그 사이에
　　는 사정(邪正)과 시비(是非)가 나뉘어져 있었습니다. 그래서 사대
　　부의 공론이 모두 동인 쪽을 정당시하고 서인 쪽은 간사하다고
　　한 것이었습니다. 그런데 이이는 사심에 치우친 나머지 서인을
　　부추기고 동인을 억제하였는데, 하루도 그 마음을 잊은 적이 없
　　었습니다. …(중략)… 그런데 전하께서는 이이의 마음이 이토록
　　까지 사심에 치우쳐 있다는 것을 알지 못하시고 다만 민첩하고
　　재주가 많은 것을 사랑하시어 그와 더불어 지치(至治)를 이룰 수
　　있으리라고 여기고 계시니, 정말 '사람을 알아보는 것은 명철

도산서원 · 사적 제170호, 경상북도 안동시 도산면 도산서원길 154 소재

퇴계 이황 선생이 도산서당을 짓고 유생을 교육, 학문을 쌓았던 곳이다. 도산서원의 편액은 한석봉이 썼다.　　　　　　　　　　　　　　　　　　　　　　　사진 출처 : 문화재청

에 속하는 일로서 요임금도 어렵게 여겼다' 는 말이 맞다 하겠습니다.

『선조수정실록』

그는 이이 · 박순 · 성혼의 잘못을 이렇게 탄핵하다 왕의 노여움을 사 장연현감으로 좌천되었다. 4년 후 병으로 사직했으며 병조정랑으로 다시 서용, 이후 교리 · 검상, 집의를 지냈다.

　　　어제 오던 눈이 사제에 오돗던고
　　　눈이 모래 같고 모래도 눈이로다
　　　아마도 세상 일이 다 이런가 하노라

장연에는 몽금포 해변이 있다. '사제(沙堤, 모래언덕)' 란 말이 있는 것

으로 미루어 장
연현감으로 좌천
되었을 때 지은
시조로 보인다.

홍적은 제멋대
로 일을 처리한
이이를 비롯한
서인들을 탄핵했
다. 그것이 절대
공의에 의한 것

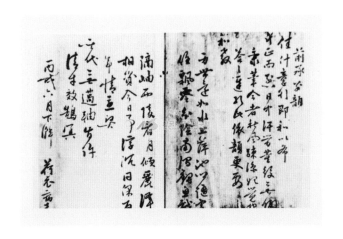

홍적의 유묵

이지 사감에 의한 것이 아니라는 것이다. 모래언덕은 사감이나 탄핵을
의미하며 눈은 결백을 의미할 것이다.

어제 왔던 눈이 모래언덕에도 왔다. 눈이 모래 같고 모래가 눈 같다.
눈과 모래가 한 빛으로 구분이 안 된다는 것이다. 자신의 행위는 당쟁이
아니라 공의라는 것이다. 공의와 사감을 '눈'과 '모래언덕'이라는 객관
적 상관물로 제시했다. 그는 눈과 모래가 다 같다고 세상일이 다 그렇다
고 체념하고 있다.

학사전재였던 만큼 그의 논리는 매우 정연했을 것이다. 결백하다는 것
을 분명히 밝혔을 것이고 이를 끝까지 굽히지 않았을 것이다. 그래서 왕
의 미움을 사 장연으로 좌천되었고 그곳에서 이런저런 많은 생각들을 했
을 것이다. 그래서 이런 시조가 창작되지 않았는가 생각된다.

그는 40세에 모친상을 당했으며 복이 끝나기 전 43세의 이른 나이에
죽었다. 그의 단명을 한탄하며 슬퍼하지 않은 이가 없었다고 한다.

그는 벼슬에 나간 24년간 당쟁에 휩쓸리지 않았다. 시문에 능했으며

필명 또한 높았다. 저서로는 『하의집』 『하의시십(荷衣詩什)』이 있다. 필법은 중국 진나라 종유와 왕희지를 본받았으며 만년에는 당나라 회소법사의 서체를 좋아하였다. 봉래 양사언은 그의 글씨에 대해 "홍적의 재주는 당세에 견줄 만한 자가 드물다"라고 칭찬하였다고 한다.

『국조인물고』는 그를 이렇게 말했다.

> 도는 숫돌처럼 평탄하고 곧기는 화살 같았네. 굳고도 확실하니 군자의 행실이요 곧고도 바르니 군자의 처신일세. 학문에 연원이 있었으니 이를 잇고 이를 배웠으며, 가르침은 차례가 있었으니 이를 본받고 이를 모범으로 삼았네.

사람 사는 세상은 동서고금 하등 다를 게 없다. 무엇이 잘 사는 것인가는 어떻게 살았는가에 달려있다. 오늘은 어제의 눈부신 거울이다.

찾아가는 길

도산서원

경상북도 안동시 도산면
도산서원길 154

시조로 찾아가는 문화유산

곽기수 「물은 거울이 되어…」

郭期壽　　1549(명종 4)~ ?

곽기수는 선조 때 문신이자 의병장으로 자는 미수이고 호는 한벽당으로 호서 해미 사람이다. 예조좌랑, 부안현감을 지냈다. 부안현감으로 재직할 때 90여 세가 되는 부모를 봉양하기 위해 관직을 버리고 고향으로 돌아갔다. 두문불출하며 『주역』의 연구에 몰두, 『주역』의 암송으로 귀신을 쫓을 수 있다고까지 할 정도로 세간의 소문이 자자했다.

　　물은 거울이 되어 창 앞에 비꼈거늘
　　뫼는 병풍이 되어 하늘 밖에 여위었네
　　이 중에 벗 삼은 것은 백구 외에 없어라

강호자연을 벗 삼아 유유자적하게 살아가고 있는 자신의 모습을 그렸다. 물은 거울이 되어 창밖에 비스듬히 비쳐 있거늘 산은 병풍이 되어 하늘 밖에 널리 펼쳐져 있네. 이 중에 벗 삼은 것은 백구 외에는 없어라. 시각적 이미지만으로 구성한 아름다운 동양화 한 폭이다. 이런 전원 속에서 오직 흰 갈매기만을 벗하며 함께 살아가고 있다고 읊었다. 강호한정,

충효사 · 해미 곽씨 문중 사우, 전라남도 영암군 학산면 묵동리 묵동길 87 소재

물아일체라는 말은 이런 삶을 두고 말하는 것이리라.

> 초당의 밝은 달이 북창을 비꼈으니
> 시내 맑은 소리 두 귀를 절로 씻네
> 소부의 기산 영수도 이렇던동 만동

시골 선비가 밤중에 밝은 달을 보며 맑은 시냇물 소리를 듣고 있다. 초당에서 바라보는 달이 북창에 비꼈으니 시내의 맑은 물소리가 두 귀를 절로 씻는구나. 소부의 기산 영수도 이러했던 것이 아니겠는가. 시각적 이미지와 청각적 이미지가 잘 조화되어 동양화의 이면을 보는 듯하다.

요임금이 왕위를 물려주려고 당대의 현자 허유에게 권했다. 허유는 여러 가지 핑계를 대고 물러나 그런 소리 들었다며 기산 밑을 흐르는

시조로 찾아가는 문화유산

영수로 가서 귀를 씻었다. 그런데 소부는 허유가 씻은 물조차 더럽다 하여 자기의 소에게 그 물을 먹이지 않았다. 기산 영수는 허유와 소부가 왕명을 피해 은거했던 곳으로 중국 하남성에 있는 산과 시내의 이름을 말한다.

맑은 물소리가 두 귀를 씻는데 소부의 기산 영수가 왜 생각이 났을까. 깨끗한 물소리가 귀를 씻는 것하고 못 들었어야 할 말을 들었다 하여 귀를 씻는 것하고 무슨 관계가 있는 것인가. '이렇던동 만동'이라는 어감은 긍정과 부정의 묘한 의미를 자아내게 한다. 그는 동서분당의 혼미한 정국을 피해 전원으로 돌아간 사람이다. 그런 그였기에 허유·소부와 같이 자연과 함께 살고 싶어 하는 그의 간절한 마음이 그런 표현을 쓰게 하지 않았나 생각된다.

> 희황이 니건 지 오래니 시절이 보암 직지 아니해
> 술이 광약인 줄 내 먼저 알것마는
> 적은덧 취향에 들어가 태고적을 보려 하니

현실에 대한 불만을 술로 잊어버리고 취흥 속에서라도 태곳적 평화를 찾아보겠다는 또 하나의 도피적 은일 시조이다.

희황은 복희씨의 다른 이름이다. 중국의 전설상의 임금 복희씨가 다스리던 태평 시절은 이미 가버린 지 오래이다. 지금의 현실이야 뭐 볼 것이 있겠느냐 하고 불만을 토로하고 있다. 복잡한 그런 현실을 잊어버리려고 그는 술을 찾고 있다. 술은 나를 미치게 하는 약인 줄 알지만 잠시나마 취흥 속에 빠져 태곳적 태평성대를 찾아보겠다는, 그의 이상 세계의 염원을 담고 있다.

그는 벼슬을 그만두고 삶의 위안을 찾아 고향으로 돌아간 사람으로 사람들은 임천에 사는 것을 좋아한다 해서 그를 한벽노인이라고 불렀다. 강호자연에서 명철보신하면서 은자의 이런 한정가들을 남겼다.

저서로 『한벽당문집』이 전하고 있다. 여기에 평이한 시어로 매화·대나무·달의 순으로 읊은 「한벽당십영」과 새소리를 듣고 읊은 「팔금영(八禽詠)」, 국한문혼용으로 지은 「만흥삼결(漫興三闋)」 시조 3수가 실려 있다. 「금릉창의록(金陵倡義錄)」에는 함께 의병을 일으킨 유희달 외 37명의 이름과 관직, 그리고 창의 때 맡은 임무 및 행한 일들이 간략하게 기록되어 있어 16세기의 시가 연구와 당시 의병사에 좋은 자료가 되고 있다.

충효사는 곽씨 문중 사우로 곽기수, 손자 곽성구, 증손자 곽제화를 배향하고 있다.

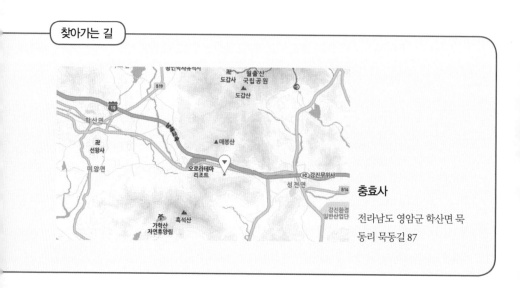

찾아가는 길

충효사

전라남도 영암군 학산면 묵동리 묵동길 87

시조로 찾아가는 문화유산

이신의 「바회예 셧는 솔이…」

李愼儀　　1551(명종 6)~1627(인조 5)

바회예 셧는 솔이 늠연한 줄 반가온뎌
풍상을 격거도 여외는 줄 전혜 업다
언디타 봄비츨 가져 고틸 줄 모르나니

「사우가」 중 소나무를 읊은 시조이다. 바위에 서 있는 소나무, 위엄이
있고 의젓하니 반갑구나. 바람과 서리를 무수히 겪어도 여위는 일이 전
혀 없네. 어찌하여 푸른 봄빛을 지녀 변할 줄을 모르는가.

다음은 조선왕조실록에 기록된 인목대비 유폐 상소문이다.

(전략)… 중대하고도 극히 난처한 일(모후를 유폐한 일)을 인
정과 천리를 살피지 아니하고 행하시면 이것이 용납하고 참는
것이 아니어서 그 관계된 바가 중대하니 삼가지 아니하고 못할
일입니다. …(중략)… 대지 사람의 마음이 곧 하늘의 마음이요
하늘의 마음이 곧 사람의 마음이어서 인심이 순하면 천리가 순
함이요 인심이 순하지 아니 하면은 천리가 순하지 아니함이니
엎드려 원하옵건대 천인의 도리를 살피셔서 쾌히 인정이 기뻐하

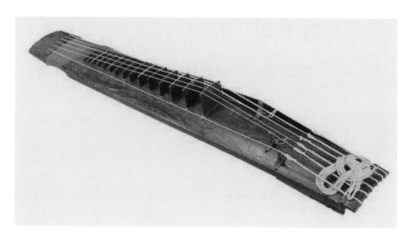

이신의의 거문고

사진 출처 : 한국문화재재단

는 것과 천리의 당연한 바를 따르시면 순임금 시대 같은 세대를
오늘 다시 볼 것입니다. …(중략)… 입을 다물고 있으면 마땅히
살고 혀를 놀리면 죽을 줄을 알지 못하는 것은 아니나 근본 방침
이 괴리하여 묵묵히 말하지 않고 있을 수 없어 만사를 무릅쓰고
감히 사리를 분별 못 하는 말을 올리어 지극히 황망함을 이기지
못하겠습니다.

이신의는 인목대비 폐모론에 항소하다 회령으로 유배, 위리안치되었
다. 광해군 10년, 그의 나이 67세였다. 그는 어느 날 회령의 병마절도사
였던 절친한 친구, 이수일에게 거문고를 구해달라는 서한을 보낸 일이
있었다.

죄생(罪生)은 소시에 감군은 1장을 배운 일이 있습니다만 여
기에 와서 양구를 만나 어두운 밤에 거북처럼 움츠리고 있으니

시조로 찾아가는 문화유산

낮에는 길고 긴 해가 지루하고 밤에는 외로운 등불을 끄기가 쉽지 않습니다. 그래서 작은 현금 하나를 얻어서 양성을 빙자할 겸 파적거리로 삼을까 합니다만 어떻습니까. …(중략)… 주선하여 주신다면 비록 천하의 값비싼 명주를 얻었다 한들 어찌 이것에 비기겠습니까?*

관인으로서 죄를 받은 이에게 거문고를 구해준다는 것은 당시로서는 쉽지 않았다. 이신의는 어렸을 때 〈감군은〉을 배운 일이 있는, 예와 악을 두루 갖춘 선비였다. 그는 이수일이 전해준 거문고로 자신의 절의를 소나무·대나무·매화·국화에 비겨 「사우가」를 지었다. 음률은 전해지지 않으나 그보다 더 진한 휴머니즘이 더 큰 울림으로 다가온다. 문집 『석탄집(石灘集)』 보유 부록에 수록되어 전하고 있다.

고양시 덕양구 도내동에는 '이석탄장대비'가 있다. 도내

이석탄장대비 · 고양시 향토문화재 제39호, 고양시 덕양구 도내동 48-1 소재   사진 출처 : 『고양신문』

---

*   http://blog.naver.com/fpcp2010/110175389887. 한국문화재단 공식블로그

고양 8현의 한 사람, 이신의 선생 묘 · 고양시 향토문화재 제14호, 경기 고양시 덕양구 도내
동 산 32 소재　　　　　　　　　　　　　　　　　　　　　　사진 출처 : 고양시

동은 임진왜란 때 석탄 장군이 도내리 뒷산에서 아군이 많다는 것을 보
여주기 위해 군사 300여 명을 데리고 며칠 동안 계속해서 산을 돌았다는
전설이 있는 곳이다. 도래울이라고 하다가 훗날 도내리로 고쳐 불렀다.

비의 앞면에는 '이석탄장대(李石灘蔣臺碑)'라 표기되어 있고 뒷면에는
'선생이 임진년에 의병을 일으켜 장대를 설치한 후 149년이 되는 경신년
에 마을 사람들이 세우다(先生壬辰起義兵設臺 後百四十九 年庚申 洞人立)'
라고 기록되어 있다. 이신의 선생이 의병을 일으켜 왜군과 접전을 벌인
장소였음을 알려주고 있다. 1740년에 마을 주민들에 의해 건립되었다.

그의 인물됨은 이러했다.

> 이신의를 형조 참의로 삼았다. 신의는 음관으로 평소 명성이
> 있었다. 폐모를 수의할 때 화복을 돌아보지 않고 반론을 제기하
> 여 정도를 세움으로써, 사람들이 모두 훌륭히 여기었다.

그는 인조반정으로 유배에서 풀려나 형조참의·형조참판 등을 역임했다. 정묘호란으로 왕을 호종, 강화로 가던 도중 수원에서 병사했으며 고양의 문봉서원과 괴산의 화암서원에 제향되었다. 시호는 문정이다.

이신의 묘 및 신도비는 고양시 향토문화재 제14호로 지정되었으며 원교체로 유명한 이광사가 묘비문을 썼다. 신도비 비문은 송시열이 지었고 윤용구가 추서했으며 김영한이 추전했다.

「사우가」 중 나머지는 국화, 매화, 대이다.

이신의 선생 묘

경기 고양시 덕양구 도내동
528-1

이석탄장대비

고양시 덕양구 도내동 48-1

시조로 찾아가는 문화유산

선조 「오면 가려 하고…」

宣祖 1552(명종 7)~1608(선조 41)

선조는 조선 왕조 14대 왕으로 초명은 균이다. 공으로 개명했으며 덕흥군의 셋째 아들이다. 하성군에 봉해졌다가 1567년에 명종이 죽자 즉위했다. 선조는 임진왜란과 같은 미증유의 사태에도 이황·이이와 같은 인재들을 등용하여 선정에 힘썼으며 『유선록』을 비롯 『근사록』『심경』『삼강행실』 등을 편찬, 유학을 장려하기도 했다.

임진왜란의 원인은 당파를 달리하는 두 사람 일본 통신사 황윤길·김성일의 상반된 보고로 국방의 대책을 세우지 못한 데에 있었다. 왕이 의주까지 피난가는 국가 초유의 사태가 벌어졌고 온 국토가 피폐되었으며 수많은 국보급 문화재가 손실되었다.

훗날 성리학 6대가의 한 사람인 기정진은 다음과 같이 말했다.

> 노사 기정진이 나의 숙조 환성공의 문집에 서문을 쓰기를 "임진년의 화는 당론이 불러들인 것이다"라고 하였다. 이 말은 비록 지나침이 있지만, 그 당시 조정에서는 문무의 여러 신하들이 오로지 세력과 이익만을 탐했을 뿐 나라의 계책과 백성의 근심은 마음에 두지 않았다. 마침내 왜구가 갑작스럽게 쳐들어오자

도성은 지켜지지 않았고 생민은 어육이 되었으니 이것이 누구의
과실이겠는가. 노사의 말에 어찌 식견이 없다고 하겠는가. 선조
는 서쪽으로 옮겨가다가 용만에 이르러서 시를 지었는데,

나라 일이 창황할 때
누가 이광필·곽자의 같은 충성 바치리
도성을 버림은 큰 계획 때문이었고
회복은 여러 신하를 믿도다
관산의 달을 보며 통곡하고
압록강 바람에 상심하도다
조정의 신하들 앞으로
다시 동인 서인을 따지랴

라고 하였다. 당론으로 인해 화가 미쳤음을 매우 미워하며 이와
같이 비통하게 경계하였는데 그 뜻이 절실하다. 이 시를 읽고 감
동하여 눈물을 흘리지 않는 사람은 인간도 아니라고 할 수 있다.
어찌하여 사람들은 왕의 말을 유념하지도 않고 고쳐 도모할 생
각도 하지 않았는지? 동서의 당쟁은 갈수록 더욱 격화되어 마치
물이 깊어지고 불이 작열하는 것과 같았다. 삼백 년의 오랜 동안
고질적인 병폐가 되어 결국 이로 인하여 나라가 망하였다. 결국
원수를 위해 일을 하고서도 깨닫지 못하였으니 또한 그 미혹됨
이 심하다.*

그가 태어난 함양의 연지공원에는 두 개의 시비가 있다. 하나는 선조
의 「어제가(御製歌)」이고 하나는 선조가 사랑한 신하 노진의 「만수산가

---

*   하겸진, 『동시화』, 기태완·진영미 역, 아세아문화사, 1995, 330쪽.

선조의 어제가 시비(위)**와 노진의 만수산가 시비**(아래) · 경상남도 함양군 지곡면 개평리
56-6 연지공원 내

(萬壽山歌)」이다.

노진은 자주 벼슬을 사양하고 물러간 사람이다. 늘 곁을 지키다 자주

조선 제14대 왕 선조의 능, 목릉 전경 · 경기 구리시 동구릉로 197 구리 동구릉 내

사진 출처 : 문화재청

물러가니 임금은 섭섭했을 것이다. 이 시조를 지어 은쟁반에 써서 막 한
강을 건너려던 노진에게 전하라 하였다.

> 오면 가려 하고 가면 아니 오네
> 오노라 가노라니 볼 날이 전혀 없네
> 오늘도 가노라 하나 그를 슬퍼하노라

왕은 어진 선비들을 많이 등용하려고 노력했으나 분쟁의 소용돌이로
벼슬을 버리고 물러만 가니 참으로 안타까웠다.

국가에 경사가 있을 때 열리는 대궐 잔치인 진풍연이 있을 때 노진은
선조 임금의 만수무강을 비는 「만수산가」를 지어 올렸다. 지금도 수연
때 이 시조창을 부르는 이가 많다.

시조로 찾아가는 문화유산

만수산 만수동에 만수정이 있더이다
그 물로 술 빚으니 만수주라 하더이다
이 한 잔 잡으시면 만수무강하리이다

잔을 올리니 임금은 크게 기뻐했으며 옆에 있던 여러 신하들도 함께 불렀다고 한다.

초장에서는 만수산, 만수봉에 만수정이라는 우물이 있다고 읊는다. 중장에서는 그 만수정이란 우물물로 빚었으니 이를 만수주라 했으며 종장에서는 이 만수주를 드시면 만수무강하리라고 했다.

이런 화답시가 화살처럼 박혀오는 것은 무엇 때문일까. 상하 간의 믿음, 사랑이야말로 지금에 와서도 반드시 필요한 덕목이 아닐까.

연지공원

경남 함양군 지곡면 개평리
56-6

목릉

경기 구리시 동구릉로 197
구리 동구릉 내

시조로 찾아가는 문화유산

조존성 「아이야 구럭망태…」

趙存性　　1554(명종 9)~1628(인조 6)

아이야 구럭망태 거둬 서산에 날 늦거다
밤 지낸 고사리 하마 아니 자랐으랴
이 몸이 이 푸새 아니면 조석 어이 지내리

아이야 되롱 삿갓 찰와 동간에 비 지거다
기나긴 낚대에 미늘 없는 낚시 매어
저 고기 놀라지 마라 내 흥겨워하노라

아이야 소먹여 내어 북곽에 새 술 먹자
대취한 얼굴을 달빛에 실어오니
어즈버 희황상인을 오늘 다시 보아다

아이야 죽조반 다오 남묘에 일 많아라
서투른 따부를 눌 마주 잡으려뇨
두어라 성세궁경도 역군은이시니라

조존성의 「호아곡」 4수이다. 『청구영언』과 『해동가요』에 실려 있다.

조존성선정불망비 · 부산광역시 동래구 온천동 산12-3 소재

사진 출처 : 한국향토전자대전

'서산채미(西山採薇, 서산에서 고사리를 캐다)', '동간관어(東澗觀魚, 동쪽 계곡에서 고기를 보다)', '북곽취귀(北郭醉歸, 북쪽 마을에서 취하여 돌아오다)', '남묘궁경(南畝躬耕, 몸소 남쪽 밭을 갈다)' 등 4수이다. 각수마다 칠언절구 한시와 함께 직역되어 있다. 한역시에서 '呼兒' 로 시작했다 해서 '호아곡' 이라는 명칭이 붙었다.

그는 광해군 5년(1613) 광해군의 생모 추존에 반대하다 파직당해 호서로 물러나 있었다. 그때 고향인 용인에서 지낼 때 지었을 것으로 보인다.

첫 수는 고사리나 캐 먹으며 사는 물욕 없는 가난한 전원 생활을 그렸다. 아이야, 구럭망태 거두어라. 서산에 날이 저물겠다. 밤을 지낸 고사리가 많이 자랐을 게 아니냐. 이 몸에 푸성귀 아니면 조석을 어이 때우겠느냐.

둘째 수는 강물에 낚시 드리우며 지내는 한가로운 풍경을 읊었다. 아이야, 동쪽 시내에 비가 떨어지니 도롱이와 삿갓을 챙겨라. 미늘 없는 낚싯대로 낚시하러 가자꾸나. 저 고기 놀라지 마라. 고기를 잡으려고 한 것이 아니라 그냥 흥이 겨워 그런 것이다.

셋째 수는 시골 마을에서 술에 취해 달빛 속에 돌아오는 모습을 표현했다. 아이야, 소를 먹이거라. 나는 북쪽 마을에 가서 술을 먹으리라. 대취한 얼굴로 달빛 속에 집으로 돌아오니 아, 옛날 태평성대 복희 적의 옛사람을 다시 보는 것이 아니더냐.

마지막 수는 밭에서 몸소 따비 잡고 힘들게 일하는 것도 모두 임금의 은혜라고 했다. 아이야, 죽으로 조반을 다오. 남쪽 밭에 일이 많다. 서투른 따비를 누구와 마주 잡고 일하려느냐. 두어라, 태평한 세상에서 몸소 밭을 가는 것도 다 임금님의 은혜로다.

시절에 거슬리는 말을 하다 생명의 위협을 받을 필요는 없다. 생명을 부지하며 살아야 하는 험난한 시절의 보신책이다. 그는 광해군의 혼란한 정치를 뒤로하고 몸을 피해 시골로 은둔한 사람이다.

『국조인물고』는 그의 인물을 다음과 같이 평했다.

　　　병이 갈수록 위중해지자 자제들이 약을 올렸는데, 번번이 먹
　　　으려고 하지 않으면서 말하기를, "내 나이가 일흔다섯이나 되는

데 억지로 정신을 아찔하게 하는 약을 먹어서 조금 더 살기를 바라면 달인(達人)이 아니다" 하였다.

…(중략)… 고을을 다스림에 있어서는 비난이나 칭찬 때문에 먼저 움직이지 않았고 자신의 절조를 지킴이 매우 확고하였으므로, 호강(豪强)한 자와 교활한 자들이 외복(畏服)하였고 가난한 백성들이 제 살 길을 얻었으며, 항상 공이 떠난 뒤에 거사비(去思碑)가 세워졌다. 두 번 연경에 사행할 때에도 행탁에 연경 저자에서 사 오는 물건이 없었고, 동래에 재임할 때 일본의 벼루를 선물로 바치는 자가 있었는데, 공은 물리치고 받지 않았을 뿐만 아니라 이 일을 명성으로 여기지 않았으니, 더욱 장자라는 칭송이 공에게 돌아갔다.

조존성선정불망기가 전해오고 있다. 동래부사 선정비군 20기 중의 하나로 비신 명문이 마모가 심한 편이다. 조존성선정불망비는 당시 지역주민의 당면 요구가 무엇이었던가를 알게 해주는 소중한 자료이다.

앞면의 비제는 '부사조공존성선정비(府使趙公存性善政碑)'이고, 다음과 같은 명문이 새겨져 있다(『한국향토전자대전』).

공은 만력 경술년(광해군 2년, 1610) 가을에 부임하여 계축년(1613) 겨울에 바뀌어 가셨다. 읍의 사람들이 추모비를 세웠는데 그 후 87년이 되어 무인년(숙종 24년, 1698)에 증손 태동이 부(府)를 다시 지키게 되어 옛 비에 고쳐 새기고 비각을 지어 □을 받든다.

公萬曆庚戌秋莅任 癸丑冬遞歸 邑人立去恩碑 後八十七年戊寅 曾孫泰東忝守本府 仍舊碑改刻 建閣以奉□*

뒷면의 비문은 다음과 같다.

　　6세조 소민공이 만력 연간에 이 부에 부임하니 읍민이 비를
세워 덕을 칭송하였다. 87년 이후 무술년에 문헌공이 중수하고,
또 115년 이후 임신년(순조 12년, 1812) 가을에 동철이 이어와
서 다시 새로 만들었다. 도감 변지순, 감관 윤기형, 색리 조중여.

　　六世祖昭敏公 萬曆莅玆府 邑民立碑頌德後八十七年 文憲公
重修 又一百十五年 壬申秋 同喆繼來而復新之云 都監 卞持淳 監
官 尹璣衡 色吏 趙重呂

　　호랑이는 죽어서 가죽을 남기고 사람은 죽어서 이름을 남긴다고 한
다. 이름은 없어도 세심정혼으로 살면 그보다 더 가치 있는 삶이 어디
있겠는가.

---

* 　□ 부분은 훼손되어 알아볼 수 없다.

조존성선정불망비

부산광역시 동래구 온천동
산12-3

장현광 「바위로 집을 삼고…」

張顯光   1554(명종 9)~1637(인조 15)

바위로 집을 삼고 폭포로 술을 빚어
　송풍(松風)이 거문고 되며 조성(鳥聲)이 노래로다
　아이야 술 부어라 여산동취(與山同醉)

　바위로 집을 짓고 폭포로 술을 빚는다. 솔바람 소리는 거문고 소리요 새 소리는 노랫소리이다. 시인이 자연의 일부가 되었다. 아이야, 술을 부어라. 산과 더불어 취하리라. 무아일체의 경지이다. 초·중장에서 자연 동화의 경지를 읊고, 종장에서는 여산동취로 즐거움을 만끽하겠다는 것이다. '하리라'가 생략되어 있어 후대에 시조창으로 불리워진 것으로 보인다.

　여헌 장현광은 17세기 영남학파를 대표하는 학자이다. 그는 조정으로부터 온갖 벼슬을 제수받았으나 그때마다 사양하고 학문에만 전념했다.

　　작은 서재나마 이렇게 완성되었네. 우리들이 이곳에 거처하면서 무엇을 닦고, 무엇을 해야 할 것인가? 세상에 경치 좋은 장

여헌묘우(旅軒廟宇)(위)와 모원당(慕遠堂)(아래) · 경상북도 문화재자료 제390호, 경북 구미시 인동11안길 8-11 소재

여헌묘우는 장현광의 불천위(나라에서 영원히 모실 수 있도록 허락한 신위)를 모시는 사당으로 장현광이 살던 집인 모원당과 그의 아들 장응일이 학문을 닦던 건물 청천당과 함께 경상북도 문화재자료 제390호로 지정되어 있다.　　　　　　　　　　　출처 : 문화재청

소에 정자나 집을 세우는 사람들은 그 목적이 동일하지 않네. 술과 여색을 밝히는 자는 주색을 즐기고, 활쏘기를 즐기는 자는 시끄럽게 떠들며 다투고, 장기나 바둑을 좋아하는 자는 노름을 즐기네. 이러한 것은 말할 것도 못 되니, 우리는 하지 않을 것이네. 또한 속세를 등지고, 세상사와 단절하고, 인륜을 버리고, 공론을 일삼고, 미묘하고 기이한 이치를 살피고, 은둔할 곳을 찾고, 괴상한 행동을 하며, 아침 안개와 저녁노을을 고향으로 삼고 산속 바위와 계곡에 거처하면서 사슴이나 멧돼지와 벗하고 도깨비와 어울리는 자들은 더러 이런 장소에서 몸을 숨기고 감추네. 그러나 이것은 잘못된 행동으로 학문하는 선비가 좇아야 할 길이 아니네.*

처음 입암을 찾은 지 11년째 되는 선조 40년(1607), 겨울에 쓴 기문, 「입암정사기」 일부이다.

장현광은 임진왜란이 끝난 직후 1596년 입암에 잠시 은거한 적이 있었다. 당시 나이 43세였다. 그곳에서 권극립, 손우남, 정사상·정사진 형제 그리고 권극중과 교유하며 지냈다. 입암의 자연 풍경에 빠져든 장현광은 그때부터 친구들과 이곳을 자주 찾았다. 그는 입암의 풍광에 반해 「입암13영(立巖十三詠)」이라는 시를 짓기도 했다.

첫 번째 시 「입암촌(立巖村)」이다.

> 외로운 마을 바위 아래 있으니
> 조그마한 집이지만 본성을 기르기에는 족하네
> 늙어서 갈 곳 없으니

---

* 고전연구회 사암, 『조선의 선비 서재에 들다』, 포럼, 2008.

이제부터 한결같이 우뚝 서 있는 입암을 배우리라

이곳 서재에서 장현광은 "세상의 번잡함과 화려함을 뒤로하고 삶의 마지막이 부귀영화로 치달리는 일을 천박하게 여기면서, 오로지 책을 읽고 이치를 궁리하고 사색하며 몸을 닦고 본성을 기르려고" 했다(『조선의 선비 서재에 들다』).

그러나 병자호란은 소박한 그의 말년의 꿈을 송두리째 빼앗아버렸다. 인조 14년(1636) 12월 인조 임금이 남한산성에 갇혀 공격당했고 이듬해 2월 청나라 군사에게 항복했다. 청나라 황제에게 삼전도의 굴욕을 겪자 그는 세상과의 모든 인연을 끊고 입암에 은둔했다.

미수 허목이 찬한 그의 행적 「여헌장선생신도비명」의 일부이다.

그해(1636) 12월 남한산성에 변이 일어났다. 선생은 임금의 행차길이 막히고 명령이 시행되지 못할까 염려해 고을 백성들에게 알려 각각 의병을 일으켜 임금을 돕도록 했다. 또한 재물을 내어서 군량을 도왔다. 그러나 다음 해(1637) 2월 남한산성의 포위가 풀렸다는 소식을 듣고 나서, 선생은 선대의 묘소를 하직하고 입암산에 들어가 살았다. 입암은 동해에 위치해 있는데, 선생은 입암의 이름을 입탁암(立卓巖)이라고 고쳤다. 그것은 자신의 뜻을 담아 이름 지은 것이다.

『조선의 선비 서재에 들다』

'탁' 자는 춘추전국시대 노중련의 고사에서 취한 것이다. 병자호란에 패배해 청나라의 신하가 된 땅에서는 살고 싶지 않다는 뜻이다. 장현광은 입암에 은둔한 지 6개월 만인 84세의 나이로 세상을 떠났다.

시조로 찾아가는 문화유산

여헌기념관 · 경북 구미시 수출대로 330 소재

「피대설」은 조선 중기의 문인 장현광이 지은 작품이다. 그의 문집 『여헌선생문집』 권7, 잡조에 수록되어 있다. '가죽가방에 관한 설'로 물건과 그 물건을 쓰는 사람과의 관계에 대해 자신의 견해를 피력하였다.

설(說)은 사건, 일화 등을 제재로 하여 사물의 이치를 풀이하거나 자신의 의견을 덧붙여 비평하는 한문 산문 장르의 하나이다. 극적인 구성으로 이루어져 있는 것도 있으나, 대부분 유교적 교리를 분석하여 견해를 밝히는 데 그 목적을 두고 있다.

> 나에게 느낌이 없을 수 없어 잠시 그것이 만들어지고 고쳐지고 나아가고 들어가는 까닭을 기록하여 훗날에 참고로 여기고자 한다. 가방을 만든 장인은 한 집안 정보의 노비이며, 그 이름은 학경(鶴京)인데 임진왜란 중에 죽었다

「피대설」의 마지막 부분이다. 자신이 아끼던 가죽가방을 만들게 된 경위, 과정, 크기 등을 세밀히 묘사하여 기록하였다. 그 가죽가방을 만든 노비의 이름까지 기재하였다. 자신의 물건을 통해 지난 시간을 추억하고 있음을 알 수 있다.

아, 이 평상은 애당초 계획했던 일이 아니라 우연히 만든 것이었으니 질박하고 졸렬한 채로 놓아두고 애써 깎고 다듬지 않았으므로 나에게 맞다. 또 사람들이 살고 있는 곳에서 떨어져 있고 당우에 이어져 있지도 않으며 땅에 닿아 있지 않고 냇물 위에 걸쳐 있어 그 아래로는 물이 밤낮으로 쉬지 않고 흐르고 있으니, 내가 찾던 참 즐거움이 바로 이런 것이다.

무릇 만물은 본래 붙어 있던 곳이 없을 수 없지만, 붙어 있는 곳에 집착하여 얽매여 있어도 안 되는 것이다. 오직 자연의 이치에 맡겨서 외물의 유혹에 이끌리지 말고, 사심 없이 물이 오가는 대로 두고 천하의 일에 오로지 주장함도 없고 반드시 그렇게 하지 않겠다는 것도 없이 공평하고 바른 마음으로 만나는 바에 따라 마땅하게 잘 처리하고 때에 따라 잘 변화해야 한다. 그런 다음에야 붙어 있으면서도 한곳에 집착하지 않을 수 있어 궁극의 뉘우침이 있는 데서 스스로 벗어날 수 있는 것이다. 이것이 내가 그 '헌(軒)'에 '여(旅)'라는 이름을 붙인 이유이며 지금 계상(溪牀)을 설치한 것도 집착하지 않는 그 뜻이 마음에 들었기 때문이다.

「계상설」 일부이다. 호를 붙인 연유를 밝히고 있다. 붙어 있으면서도 한곳에 집착하지 않고 그래야 뉘우침이 있는 데서 벗어날 수 있다는 견해를 피력하고 있다.

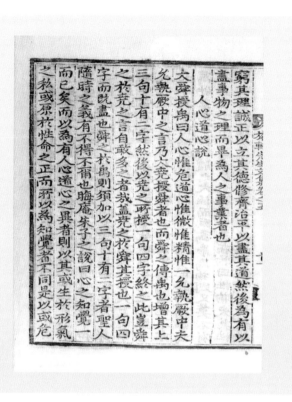

『**여헌집**』· 규장작, 국립중앙도서관, 고려대학교 소장　　사진 출처 : 한국민족문화대백과사전

　저서로는 『여헌집』『성리설』『역학도설』『용사일기』 등이 있다. 류성
룡·정경세 등 영남의 많은 남인 학자들을 길러냈다. 성주의 천곡서원,
서산의 여헌영당, 인동의 동락서원, 청송의 송학서원, 영천의 임고서원,
의성의 빙계서원 등에 제향되었다. 시호는 문강이다.

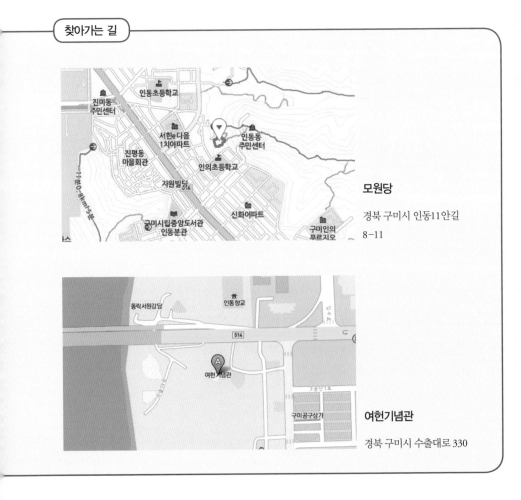

모원당

경북 구미시 인동11안길
8-11

여헌기념관

경북 구미시 수출대로 330

시조로 찾아가는 문화유산

박인로 「반중 조홍감이…」

朴仁老   1561(명종 16)~1642(인조 20)

여헌 장현광이 성리학을 배우러 온 노계 박인로에게 조홍감을 대접했다. 여헌은 그것을 소재로 노계에게 시조를 지어보라고 했다. 노계는 '육적회귤' 고사를 들어 이 시조를 지었는데 이것이 「조홍시가」 4수 중 첫 수이다.*

> 반중(盤中) 조홍(早紅)감이 고아도 보이나다
> 유자(柚子) 아니라도 품음직도 하다마는
> 품어가 반길 이 없을 새 글로 설워하나이다

육적은 오나라 왕 손권의 참모를 지낸 사람이다. 그가 6세 때 구강에서 원술을 뵈었다. 원술은 육적에게 귤을 내놓았다. 원술이 잠시 비운 사이 육적은 귤을 품에 감추었다. 육적이 작별 인사를 올리자 그만 귤이 바닥에 굴러떨어졌다. 원술이 육적에게 귤을 품에 넣은 까닭을 물었다. 육적

---

* 문무학, 「옛시조 들여다보기」, 『매일신문』, 2009. 5. 9.

도계서원 · 경상북도 영천시 북안면 신평탑골길 93-59 소재

조선 중기의 무신이자 시조 · 가사문학의 대가 박인로의 위패를 봉안하고 있다. 박인로의 학덕과 충효사상을 기려 지역유림들이 설립하였으며 목판각인 『박노계집판목(朴蘆溪集板木)』 (경상북도 유형문화재 제68호)이 보관되어 있다.

은 어머님께 드리고 싶어서 그랬다고 대답했다. 원술이 어린 육적의 효심에 감동했다. 이 육적회귤 고사로 노계는 「조홍시가」 한 수를 지었다.

　소반에 담긴 붉은 감이 곱게도 보이는구나. 유자가 아니라도 품안에 넣고 싶지만 그리한다 해도 반가워할 어머니가 안 계시니 그것이 서럽구나.

　'효' 하면 「조홍시가」를 떠올리게 된다. 이 시조만큼 잔잔한 감동을 주는 작품은 흔치 않다.

　한음 이덕형이 영천에 도체찰사로 있을 때였다. 평소 친분이 있었던 박인로가 이덕형을 찾아갔다. 한음도 조홍감을 내놓았다. 한음이 노계에게 「조홍시가」 첫 수를 들어, 나머지 3수를 더 짓도록 했다. 노계는 나머지 3수를 지었다. 이렇게 해서 「조홍시가」 4수가 완성되었다.

시조로 찾아가는 문화유산

둘째 수는 효자들의 고사를 인용, 효도하겠다는 심정을, 셋째 수는 나이 드신 부모님이 더디 늙으시기를 바라는 마음을, 끝 수는 현인 군자들과 교유하고 있는 유자로서의 자긍심을 표현했다.*

박인로는 본관이 밀양, 자는 덕옹이며 호는 노계·무하옹이다. 영천 출생으로 조선 중기의 문인이자 무인이다. 그는 어려서부터 시재에 뛰어났다. 31세에 임진왜란이 일어났다. 이후 의병 활동을 했으며 38세에 수군절도사 성윤문의 막하에 들어가 수군으로 종군, 많은 공을 세웠다. 1598년 왜군이 물러간 후 사졸들을 위로하기 위해 장가 「태평사」를 지었다. 긴 전쟁이 끝난 뒤의 상황을 "들판에 쌓인 뼈는 산보다 높고 큰 도읍, 큰 고을이 여우굴이 되었다"고 표현하고 있다. 이듬해 무과에 급제하여 수문장·선전관을 지내고, 조라포수군만호로 군비를 증강, 선정을 베풀어 선정비가 세워졌다.

어화 아이들아 후리치고 가자스라
전원이 비었거니 어찌 아니 가로소냐
도천상(道川上) 명월청풍이 날 기다리기 오래니라

초장에서 이제까지 생활을 청산하고 돌아가자는 결단을, 중장에서는 도연명의 귀거래사를, 종장에는 고향 영천의 도천마을이 자신을 기다리고 있음을 노래했다. 노계는 20여 년간의 무관 생활을 정리하고 고향으로 돌아갔다.

그는 고향에 은거하며 독서와 시작에 전념, 많은 걸작들을 남겨놓았

---

*   문무학, 앞의 글.

다. 인조 8년(1630) 노령으로 용양위 부호군이 되었다.

도학과 애국심·자연애를 바탕으로 천재적 창작력을 발휘, 시정과 우국에 넘치는 작품을 창작했다. 노계 박인로는 송강 정철, 고산 윤선도와 함께 조선 3대 시가 작가로 알려져 있다. 독특한 시풍을 이룩, 가사와 시조 문학 발전에 크게 이바지했다.

문집에 『노계집』이 있고, 작품에 「태평사」「사제곡」「누항사」「선상탄」「노계가」「독락당」「영남가」「입암가」 등이 있다.

> 군봉(郡鳳) 모이신데 외 까마귀 들어오니
> 백옥 쌓인 곳에 돌 하나 같다마는
> 봉황도 비조(飛鳥)와 유(類)시니 뫼셔 논들 어떠하리

박인로는 전반기는 무인으로, 후반기에는 선비로 살았다. 어느 날 문관 자리에 무관인 자신이 합석하게 되었다. 봉황들이 모인 데에 외 까마귀 들어오니 백옥이 쌓인 곳에 돌 하나 같지마는 봉황도 일반 날새와 한가지이니 모시며 논들 어떻겠는가. 문관이 교우하는 자리에 끼이게 된 상황을 이렇게 재치 있게 표현했다. 상대를 군봉, 백옥으로 높이고 자신은 외 까마귀, 돌 하나로 낮추었다. 다 같은 날새이니 함께 어울려보자는 얘기이다. 이런 자리라면 문관인들 무관을 거절할 이유가 없지 않겠는가.

> 신농씨(神農氏) 모른 약을 이 초정(椒井)에 숨겼던가
> 추양(秋陽)이 쬐오는데 물속에 잠겼으니
> 증점(曾點)의 욕기(浴沂) 기상을 오늘 다시 본 듯하다

그는 57세 이후 한강 정구와 교우하면서 유람했다. 61세 되던 해 가을

시조로 찾아가는 문화유산

입암서원 · 경상북도 시도기념물 제70호, 경상북도 포항시 북구 죽장면 입암리 산21번지 소재

사진 출처 : 문화재청

초정에서 그와 함께 목욕하고 지은 작품이다. 농사와 약초의 신인 신농씨도 모르는 약을 울산의 초정에 숨겼더냐. 가을볕을 쬐면서 목욕하고 있으니 증점의 욕기 기상을 오늘에사 다시 보는 듯하다.

증점은 춘추 말 공자의 제자로 증자의 아버지이다. 공자가 각자 자신의 뜻을 말해보라는 질문을 받았다. "봄날 옷이 만들어졌으면 어른 대여섯 명과 아이 예닐곱 명을 데리고 기수에 가서 목욕하고 무우의 대 아래에서 바람을 쐬면서, 시를 읊조리다가 돌아오고 싶다(莫春者 春服旣成 冠者五六人 童子六七人 浴乎沂 風乎舞雩 詠而歸)"고 대답해 공자로부터 칭찬을 받았다. 『논어』 선진편에 나오는 구절이다. 영리를 잊고 유유자적하게 사는 즐거움을 이 시조에 실었다.

홍진(紅塵)에 뜻이 없어 사문(斯文)을 일을 삼아

계왕개례(繼往開來)하여 오도(吾道)를 밝히시니
천재후(千載後) 회암 선생을 다시 본 듯하여라

홍진은 어지럽고 속된 세상을, 사문은 유교의 도의나 문화를 말한다. 계왕개례는 지난 일을 계승하고 올 일을 여는 것을, 오도는 유학의 도를 말한다. 천재 후는 천 년 후를, 회암은 주희를 말한다. 주희는 중국 송대의 유학자로 주자학을 집대성한 사상가이다.

벼슬을 버리고 향리로 돌아와 학문과 교육으로 일을 삼고 주자학을 계승하여 새로운 경지를 열어 유학의 도를 밝히시니 자신보다 열여덟 살이나 위인 한강이 천 년 만에 주희 선생을 다시 본 듯 존경스럽다는 것이다. 한강의 인격과 학문에 감화를 받고 그를 흠모하는 마음을 이렇게 노래했다.

명리에 뜨시 업서 배오새 막대 집고
방수심산(訪水尋山)하야 피세대(避世臺)에 들어오니
어즈버 무릉도원도 여기런가 하노라

명예와 이익에는 별 뜻이 없어 베옷을 걸치고 지팡이 짚고 물과 산 찾아다니며 속세를 떠나 들어와보니 아! 무릉도원이 바로 여기인가 하노라.

그의 작품에는 나라와 자연을 사랑하는 마음 그리고 도학적인 선비 정신이 깃들어 있다. 세상사를 벗어던지고 자연에 드는 즐거움이 바로 무릉도원이라는 것이다. 그의 후반기 선비 정신의 일면을 엿볼 수 있는 시조이다.

입암리 솔안마을 입구 천변에 서 있는 입암과 누각(사진 오른쪽) · 경상북도 포항시 북구
죽장면 입암리 소재

경상북도 포항시 북구 죽장면 입암리에 있는 입암서원과 그 부속 건물인 일제당(日躋堂), 만활
당(萬活堂) 등은 '입암서원 일원'이라는 명칭으로 경상북도 기념물 제70호로 지정되어 있다.

사진 출처 : 『영남일보』

입암 28경은 여헌 장현광의 시편 「입암십삼영」에서부터 비롯되었다.
여헌은 직접 입암 28경의 이름을 명명했다. 이후 입암 풍광에 반해 노계
선생은 시조 「입암가」 29수와 가사 「입암별곡」을 남겼다. 입암 28경은
죽장면 소재지 남쪽 세이담으로부터 입암리 일원과 동쪽 산지령에 이르
기까지 반경 2킬로미터 이내에 걸쳐 있다.

69세 때 박인로는 영천 입암에 사는 대학자 여헌 장현광을 찾았다. 여
헌은 퇴계, 남명, 율곡과 함께 조선 시대 대표적인 유학자로서, 자연에
은거, 평생을 후학 양성에 힘쓰며 이기경위설을 제창한 인물이다.

「입암가」 29수의 제목은 입암 10수, 정사 · 기여암 · 계구대 · 토월

봉 · 구인봉 · 소로잠 · 피세대 · 합류대 · 심진동 · 채약동 · 욕학담 · 수어연 · 향옥교 · 조월탄 · 경운야 · 정운령 · 산지령 · 격진령 · 화리대 등 각 한 수이다.

> 무정히 섰는 바위 유정하게 보이나다
> 최령(最靈)한 오인(吾人)도 직립불의(直立不倚) 어렵거늘
> 만고에 곧게 선 저 얼굴이 고칠 적이 없나다

첫 수 '입암'이다. 곧게 서서 의지하지 않는 선바위를 찬양하고 있다. 무정하게 서 있는 바위 유정하게 보인다. 만물 중 가장 신령한 인간도 의지하지 않고 바로 서 있기가 어렵거늘 만고에 곧게 서서 의지하지 않으니 배워야 하지 않겠느냐. 직립불의가 얼마나 어려운 일인가를 말하고 있다.

죽장면 소재지에서 상옥 쪽으로 300여 미터쯤 도로변 좌측이 솔안마을이다. 그 앞에 20여 미터 높이의 입암이 우뚝 서 있다.

> 탁연직립(卓然直立)하니 법(法)받음직하다마는
> 구름 깊은 골에 알 이 있어 찾아오랴
> 이제나 광야에 옮겨 모두 보게 하여라

다섯째 수 선바위에게 묻는다는 '문암(問岩)'이다. 높이 곧게 서니 본받음직하다마는 구름 깊은 계곡을 아는 사람이 있어 찾아오겠느냐. 이제나 광야에 옮겨 모두 보게 하겠다는 것이다. 높이 곧게 선 모습을 모든 사람들에게 두루 보이고 싶은 심정을 토로하고 있다. 여헌의 빼어난 학덕과 인품을 우뚝 선 바위에 비유하고 있으며 이를 여러 사람에게도 본

받게 하고 싶다는 것이다.

> 계구대(戒懼台) 올라오니 문득 절로 전긍(戰兢)하다
> 대상(臺上)에 살펴보며 이같이 저허커든
> 못 보고 못 듣는 땅이야 아니 삼가 어찌하리

계구대는 경계하고 두려워하는 누대란 뜻이다. 전긍은 전전긍긍으로 매우 두려워 쩔쩔매는 것을 말한다. 계구대 바위 벼랑에 올라오니 위태로워 전전긍긍하고 있다. 대상에서 살펴보니 세상살이도 다 이처럼 두렵다. 못 보고 못 듣는 땅이야 삼가지 않고 어찌하겠느냐. 세상을 바위 벼랑인 것처럼 조심하고 두려워하며 살아야 한다는 말이다. 자연물에 의미를 부여, 이를 교훈 삼아 읊었다.

계구는 『중용』의 "계신호기소불도(戒愼乎其所不睹), 공구호기소불문(恐懼乎其所不聞)"에서 나온 말이다. 그가 보여지지 않는 곳을 조심하며 그가 들리지 않는 바를 두려워한다는 뜻이다. 계구대는 입암과 기예암 사이에 있는 절벽이다.

박인로의 「오륜가」는 그가 76세 되던 만년에 지었다. 유교적 가치 규범을 전통 양식에 따라 표현한 장편 연시조로 『노계집』에 전하고 있다.

맹자의 오륜은 군신유의, 부자유친, 부부유별, 장유유서, 붕우유신이다. 부자유친을 주제로 한 5수, 군신유의·부부유별·형제우애를 주제로 한 각 5수, 붕우유신을 주제로 한 2수에다 작품 끝에 총론 3수를 덧붙여 총 25수로 구성했다.

직설적으로 권유한 교술성이 강한 것, 자신의 태도와 결의를 다짐한 것, 자신의 심정과 처지를 노래한 것 등으로 구성되어 있다. 이 「오륜가」

는 장유유서를 형제우애로 바꾸어 노래하고 있다.

> 아비는 낳으시고 어미는 키우시니
> 호천망극(昊天罔極)이라 갚을 길이 어려우니
> 대순(大舜)의 종신성효(終身誠孝)도 못다한가 하노라

『소학』에 '부생아신모육오신(父生我身母育吾身) 욕보기덕호천망극(欲報其德昊天罔極)'이라는 구절이 있다. 아버지는 내 몸을 낳으시고 어머니는 내 몸을 기르셨으니 그 은덕을 갚고자 하나 하늘 같아 끝이 없네. 그리고는 순임금의 효도를 예시했다. 종신성효는 부모님 임종 때 옆에서 뫼시는 효성을 말한다.

> 심산(深山)에 밤이 드니 북풍이 더욱 차다
> 옥루고처(玉樓高處)에도 이 바람 부는 게오
> 간밤에 추우신가 북두 비겨 바라노라

자신의 처지에도 임금에 대한 충성은 변함없다는 것이다. 깊은 산에 밤이 드니 북풍이 더욱 차다. 궁벽한 산골에 숨어 사는 자신의 처지를 말하고 있다. 임금이 계신 궁궐에도 찬바람은 부는 것인가. 바람 부는 추운 겨울 지은이는 임금의 옥루고처를 염려하고 있다. 북두 곧 임금과 왕권의 안위를 걱정하고 있는 것이다. 그는 임진왜란이 일어나자 의병에 뛰어든 충의의 인물이다.

> 동기로 세 몸 되어 한 몸 같이 지내다가
> 두 아운 어디 가서 돌아올 줄 모르는고

시조로 찾아가는 문화유산

날마다 석양 문외에 한숨겨워 하노라

　자신의 세 형제가 우애롭게 한 몸처럼 지내다가 두 아우는 어디 가서 돌아올 줄 모르는가. 날마다 석양의 문밖에서 한숨 겨워 하고 있다. 혼자 살아남아 탄식하는 정경을 그려 형제간에 우애할 것을 구체적으로 보여주고 있다.

자세히 살펴보면 뉘 아니 감격하리
문자(文字)는 졸(拙)하되 성경(誠敬)을 새겼으니
진실로 숙도상미(熟讀詳味)하면 불무일조(不無一助)하리라

　자세히 살펴보면 감격하지 않는 이 없을 것이다. 문자는 옹졸하나 정성과 공경을 다해 새겼으니 진실로 자세히 읽고 뜻을 음미하면 일조가 없지 않아 있을 것이다. 작품을 지은 까닭을 밝혀놓고 있다. 인륜 도덕을 읽고 또 읽어 삶의 지표로 삼으라고 말하고 있다. 전란의 혼란으로 무너져가는 가치 규범을 바로잡으려는 간절한 그의 노력을 읽을 수 있다.
　일단의 윤리 규범을 제시해주고 있으나 이러한 교훈적인 시조는 관념적인 가치에 머물러 경직되어가는 위험성을 내포하고 있는 것도 또한 사실이다.
　「누항사(陋巷詞)」는 누계의 청빈한 생활을 노래한 가사이다. 박인로의 나이 51세 때 이덕형이 찾아와 산거궁고(山居窮苦)의 생활을 물었을 때 그것에 답한 작품이다. 안빈낙도의 노래로 빈한한 농촌 생활 속에서도 도를 닦는 것으로 만족하며 사는 심정을 표현했다.

(전략)… 자연을 벗삼아 살리라는 한 꿈 꾼 지도 오래더니

노계시비(뒷면) · 경상북도 영천시 북안면 도천리 383 소재

먹고 사는 일 걱정되어 이때까지 잊었노라

저 물가 바라보니 푸른 대나무 많기도 많구나

교양 있는 선비들아 낚시대 하나 빌려 쓰자구나

갈대꽃 깊은 곳 밝은 달과 맑은 바람 벗이 되어

임자 없는 자연 속에 절로절로 늙으리라

무심한 갈매기야 오라 하며 오지 말라 하랴

다툴 이 없는 곳 다만 이뿐인가 여기노라 …(후략)

　　노계는 한음 이덕형과는 남다른 친분을 갖고 있었다. 또한 도산서원에
참례하기도 하여 이황의 유풍을 흠모하였고 그 밖에 조지산·장여헌·
정한강·정임하·정연길·최기남 등과도 교유하였다.

　　　　　　　　　　　　　　　　시조로 찾아가는 문화유산

「선상탄」은 부산 통주사가 되어 부산으로 내려갔을 때에 선상에서 지은 무인다운 기개와 포부를 노래한 가사이다. 「노계가」는 저자가 영천 임고면에 있는 노계의 경치와 산수간 생활을 노래한 작품이다. 「독락당」은 저자가 경주 옥산에 있는 회재 이언적이 거쳐하던 독락당을 찾았을 때 주위의 아름다운 경치와 선생을 추모하며 읊은 노래이다. 그 외에 당시 영남 안절사로 와 있던 이근원의 덕치를 높이 찬미한 「영남가」 등이 있다.

가사가 9편이고 시조가 68수나 된다. 그는 조선 작가 중 가장 많은 가사와 시조를 남겨놓았다. 말년에는 천석을 벗하며 청빈낙도의 삶을 살다가 1642년 82세의 나이로 졸했다. 영천 도계서원에 제향되었으며 거기에 그의 묘소가 있다. 영천 도천리와 포항시 입암리에 그의 시조비가 세워져 있다.

전반기의 삶은 무인으로 후반기의 삶은 선비로 그 어디에도 치우치지 않고 최선을 다했던 노계, 박인로. 밖으로는 나라에 충성했고 안으로는 자신의 청빈낙도를 실천했던 그는 진정한 무인이면서 문인이기도 했다.

도계서원

경상북도 영천시 북안면
신평탑골길 93-59

입암서원

경상북도 포항시 북구
죽장면 입암리 산21번지

시조로 찾아가는 문화유산

이덕형 「달이 두렷하여…」

李德馨   1561(명종 16)~1613(광해군 5)

1592년 일본군 21만 명이 조선을 침공했다. 평양이 함락되었다. 선조는 중신들에게 계책을 물었다.

"사세가 급하오니 명나라에 구원병을 청해야 하나이다."

이항복의 말에 이덕형이 거들었다.

"누가 이 막중한 임무를 수행할 수 있단 말인가."

"신들이 달려가겠나이다."

이덕형이 이 일을 맡았다.

"길을 곱이나 빨리 달리는 쾌속한 말이 없어 한이옵니다."

이항복은 자기가 타던 말을 이덕형에게 내주었다.

"군사가 오지 않으면 다시 날 만날 생각 마시게."

"군사가 오지 않으면 내가 뼈를 노룡에 버리고 압록강을 두 번 다시 건너지 않겠네."

이덕형은 이항복과 눈물로 작별했다.

그는 명나라 조정에 여섯 번이나 글을 올렸다. 명나라는 5만 대군을 조선에 파병했다. 전쟁의 판도가 바뀌었다.

1613년 6월 김제남이 사사되었고 그 해 7월 영창대군이 강화도로 유배당했다. 영의정 이덕형은 엎드려 청을 올렸다.

"영창을 대궐 문 밖에 나가 살도록 하여주옵소서."

영창을 살리기 위한 고육책이었다. 영창대군은 폐서인이 되어 궐 밖으로 쫓겨났다.

"어린 영창을 형으로 다스려서는 아니 되옵니다."

그는 비장한 상소를 올렸다. 탄핵이 빗발쳤다. 1613년 7월 영창대군은 강화도로 유배, 그 이듬해 죽었다. 영창의 나이 9세였다. 일련의 일들은 대북당 이이첨의 조작극이었다. 이덕형은 삭탈관직당했고 그는 서울을 떠났다.

이덕형이 대궐에서 쫓겨날 때 이상한 소문들이 나돌았다. 신선이 강가에서 이덕형을 기다리고 있다가 그에게 시 한 수를 지어주고 사라졌다는 것이다.

> 집이 광릉에 있는데 강 서쪽 국화가 곱게 피어
> 절후가 늦으니 낙엽은 소소하고 바람조차 차구나
> 창 앞의 두견새가 돌아가기를 재촉하니
> 유인(幽人)의 옛집을 그리워함을 아는 듯해라

또한 큰 호랑이가 한강 나루터에서 기다리고 있다가 이덕형이 나타나자 길을 인도하여 용진 사제까지 무사히 당도하게 하였다는 것이다.

이덕형은 양근의 시골집으로 돌아가 식음을 전폐, 술로 세월을 보냈다. 나라를 생각하다 그해에 죽었다. 이성령의 『일월록』과 이원의 『저정집』에 이덕형이 세상을 버리던 날을 다음과 같이 기록하고 있었다.

시조로 찾아가는 문화유산

400여년 된 은행나무와 한음 이덕형의 별서지 · 경기 남양주시 조안면 송송골길 67 소재

사진 출처 : 남양주타임즈

　　한음이 세상을 버리던 날 흰 기운이 온 집에 가득 차고 오색 영롱한 구름이 하늘을 덮어 사람들의 눈을 어지럽게 하였다. 시 중의 백성들은 한음의 별세를 하늘이 애석하게 여겨 이러한 일 이 일어난 줄 믿고 장사를 걷어치우고 거리에 나와 통곡했으며 한음의 도저동(桃楮洞, 지금의 중구 도동 일대) 자택에는 부조를 바치려는 백성들로 장사진을 이루었다.

　　이덕형은 조선 중기 때의 문신으로 본관은 광주이다. 자는 명보, 호는 한음이며 영의정 이산해의 사위이다. 어려서부터 재주가 있었고 침착했 다. 1580년 19세로 별시문과에 급제, 승문원 관원이 되었다. 1583년 이 항복과 함께 사가독서를 했으며 이듬해 서총대의 응제에서 수석을 차지

이덕형이 말을 타고 내릴 때 사용하던 하마석(下馬石) · 경기 남양주시 조안면 송송골길 67
이덕형의 별서지 내

했다. 부수찬 · 정언 · 부교리를 거쳐 이조좌랑이 되었고 1588년 이조정
랑으로서 일본 사신 겐소 등을 접대하여 그들의 존경을 받았다. 1591년
예조참판에 대제학을 겸했고 1602년 41세의 나이로 영의정이 되었다.

> 달이 두렷하여 벽공에 걸렸으니
> 만고풍상에 떨어짐즉 하다마는
> 지금히 취객을 위하여 장조금준(長照金樽)하노매

둥근 달이 푸른 하늘에 걸렸으니 바람, 서리 오랜 세월에 떨어짐직도
한데 떨어지지 않음은 지금 이 취객을 위해 술잔을 오래 비추기 위한 것
이리라. 애주가의 호방한 기질이 엿보인다. '만고풍상에 저 달이 떨어짐
즉 하다마는', 이 구절이 뛰어나다. 한음은 친구 오성이 생각날 때마다
술을 마시며 울었다고 전해진다. 오성과 헤어져 지내던 만년의 작품이

시조로 찾아가는 문화유산

아닌가 싶다.

　나머지 시조 한 수도 술에 관한 시조이다. 애주가 중의 애주가였던 모
양이다.

　　　큰 잔에 가득 부어 취토록 먹으면서
　　　만고(萬古) 영웅(英雄)을 손꼽아 헤어보니
　　　아마도 유영(劉伶) 이백(李白)이 내 벗인가 하노라

　한음 일생에 가장 가까웠던 친구로 묵재 이귀, 백사 이항복, 노계 박인
로가 있다. 노계는 경상도 영천 광주 이씨 시조 산소가 있는 그 동네 사
람이다. 한음이 경상도 체찰사를 지낼 때 시조 산소 부근의 노계 조부 산
소에 참배하면서 둘은 가까워졌다. 두 가문의 친교는 한음 증손자 때까
지 이어졌다.

　노계가 찾아왔을 때 한음은 노계에게 조홍감을 내놓았다. 박인로의
「조홍시가」가 그때 지어진 시조이다. 육적의 회귤 고사를 연상하며 노계
는 돌아가신 어버이를 생각하며 지었다.

　한음이 용진으로 은퇴했을 때 말년의 절친한 벗 노계는 한음을 위해
광해군 5년(1613) 「사제곡」을 썼다. 용진의 진나루 사제마을의 아름다
운 모습과 광해조를 걱정하는 한음의 말년 심정을 노래한 가사이다.

　　　(전략)… 때마침 불어오는 가을 바람소리가
　　　마음 속으로 반가워
　　　낚싯대 둘러메고
　　　붉은 여귀 헤치며 강변으로 내려가서
　　　작은 배 띄워놓고

바람 돛을 삼고 물결 노를 삼아 가는대로 놓아두니

앞여울로 흘러내려

얕은 강가에 이르겠구나

석양이 저물무렵

강바람이 절로 불어

집으로 가는 배를 보고 있는듯

아득하던 앞산이 어느새 뒤로 보이는구나 …(후략)

    용진은 양평군 양서면 양수리와 남양주시 조안면 진중리를 연결하는 나루터이다. 당시엔 아름다운 백사장으로 덮여 있었으나 지금은 팔당호에 묻혀 그 흔적을 찾을 수 없고 그 앞에 노계의 사제곡 기념비가 서 있다.

    사제마을에서 한음은 별서에 '대아당(大雅堂)'이라는 당호를 내걸고 서실은 하루하루 아낀다는 '애일(愛日)', 마루는 진정 편안하다는 '진일(眞佚)'이라 이름 짓고 따로 기쁘게 맞는 '이로정(怡老亭)'과 좋은 경치 끌어당긴다는 '읍수정(挹秀亭)'이라는 정자를 지어 시를 짓고 편히 쉬면서 손님을 맞을 장소로 사용하기도 했다. 지금은 모두 흔적도 없이 사라졌고 그가 심었다는 두 그루의 은행나무와 말을 탈 때 오르던 돌 하나가 그대로 남아 있을 뿐이다.

    「사제곡」의 첫머리에는 다음과 같이 적혀 있다.

    1611년 봄에 한음 대감의 요청으로 이 노래를 지었는데 사제(莎堤)라는 곳은 용진의 강에서 동쪽 5리 되는 거리에 있고 대감의 정자가 있는 경치 좋은 곳이다.

             시조로 찾아가는 문화유산

『광해군일기』에 실린 이덕형의 졸기이다.

> 전 영의정 이덕형이 세상을 떠났다. …(중략)… 이덕형은 일찍
> 부터 재상이 되리라는 기대를 받았다. 문학과 덕기(德器)는 이항
> 복과 대등했지만, 관직은 이덕형이 가장 앞서 38세에 이미 재상
> 의 반열에 올랐다. 임진왜란 이후 두드러진 공로를 많이 세워 중
> 국과 일본 사람 모두 그의 명성에 복종했다. 사람됨이 솔직하고
> 까다롭지 않았으며 부드러우면서도 곧았다. 또 당론을 좋아하지
> 않았다. …(중략)… 그가 세상을 떠났다는 소식이 알려지자 멀고
> 가까운 사람들이 모두 슬퍼하고 애석해했다.

이덕형은 글씨에 뛰어났고 포천의 용연서원, 상주의 근암서원에 제향
되었다. 저서로 『한음문고』가 있으며 시호는 문익이다. 『청구영언』에
시조 2수가 전하고 있다.

길지도 않은 인생에 수많은 눈비들이 왔다가 간다. 적막으로, 고요로
그리고 한으로 남는 것도 있다. 어떤 인생이 역사에 남아야 하는가. 한음
은 그것을 준엄하게 묻고 있다.

이덕형의 별서지

경기도 남양주시 조안면
송송골길 67

이덕형의 묘

경기도 양평군 양서면
목왕리 산 82-1

시조로 찾아가는 문화유산

김상용 「오동에 듣는 빗발…」

金尙容   1561(명종 16)~1637(인조 15)

김상용의 호는 선원, 풍계이며 척화파 김상헌의 형이다. 그는 1636년 병자호란 때 왕족 세자빈과 원손을 수행하여 강화도로 피난했다가 성이 함락되자 화약에 불을 질러 순사했다. 구차한 목숨을 부지하기보다 죽음을 택한 것이다. 전우승지 홍명형, 생원 김익겸도 함께 따라 순절했다. 『인조실록』에 실린, 그의 졸기이다.

전 의정부 우의정 김상용이 죽었다. 난리 초기에 김상용이 상의 분부에 따라 먼저 강도에 들어갔다가 적의 형세가 이미 급박해지자 분사(分司)에 들어가 자결하려고 하였다. 인하여 성의 남문루에 올라가 앞에 화약을 장치한 뒤 좌우를 물러가게 하고 불속에 뛰어들어 타 죽었는데, 그의 손자 한 명과 노복 한 명이 따라 죽었다.

김상용의 자는 경택이고 호는 선원으로 김상헌의 형이다. 사람됨이 중후하고 근신했으며 선묘를 섬겨 청직(淸職)과 화직(華職)을 두루 역임하였는데, 해야 할 일을 만나면 임금이 싫어해도 극언하였다. 광해군 때에 참여하지 않아 화가 박두했는데도 두

김상용 집터의 바위에 남은 그의 글씨 · 서울 종로구 자하문로33길 22-10 소재

이곳의 풍경에 감탄한 김상용은 바위에 '대명일월 백세청풍(大明日月百世淸風)'이라고 새겼다. '영원히 맑게 살겠다'는 뜻이다. 일제 때 일본의 삼정회사가 청풍계를 차지하여 시내를 메우고 바위를 깨뜨려 새로 집을 짓자, 단 한 채 남은 태고정 옛 건물도 인부들의 숙소로 사용되고 바위마저 훼손되어버렸다. 지금은 백세청풍이라 새긴 바위만이 남아서 김상용의 집터임을 전하고 있다.

려워하지 않았다. 상이 반정(反正)함에 이르러 더욱 중하게 은총을 받아 지위가 정축(鼎軸, 정승)에 이르렀지만, 항상 몸을 단속하여 물러날 것을 생각하며 한결같이 바른 지조를 지켰으니, 정승으로서 칭송할 만한 업적은 없다 하더라도 한 시대의 모범이 되기에는 충분하였다. 그러다가 국가가 위망에 처하자 먼저 의리를 위하여 목숨을 바쳤으므로 강도의 인사들이 그의 충렬에 감복하여 사우를 세워 제사를 지냈다.

그는 광해군의 가까운 인척이었음에도 권세에는 관심이 없었다. 광해군 때 한성부판윤·사헌부대사헌·형조판서 등을 지냈으나 폐모론에는 간여치 않았다. 인목대비가 폐비되자 벼슬을 그만두고 강원도 원주로 낙향했다. 7년을 산수간에서 유랑 생활을 했다. 이때 부모상을 당했다. 많

시조로 찾아가는 문화유산

은 고난, 슬픔에 이런저런 생각과 사색에 잠겼을 것이다.

> 오동에 듣는 빗발 무심히 듣건마는
> 내 시름하니 잎잎이 수성(愁聲)이로다
> 이후야 잎 넓은 나무야 심을 줄이 있으랴

   사랑을 잃은 사람의 심정을 읊었다. 임금님인지, 부모님인지는 모르나 유랑 생활 때 지은 것이 아닌가 생각된다.

   오동잎에 듣는 빗발 무심히 듣건마는 잎잎에 떨어지는 빗방울 소리 슬프게 들리는구나. 이후에는 넓은 잎나무는 절대로 심지 않는다는 것이다. 빗방울 소리가 더욱 크게 들리기 때문이다. 자신의 수심을 오동잎에 떨어지는 빗방울 소리에 의탁해 노래하고 있다. 지은이의 애틋한 마음을 읽을 수 있다.

   동생 김상헌은 형 상용의 비명을 다음과 같이 기록했다.

> 단청은 색깔을 나타낼 수 있으나 소리는 나타낼 수는 없으며,
> 음악은 덕을 나타낼 수 있으나 모양을 나타낼 수는 없는데, 누가
> 문자로 기술하여 금석에 새기는 것과 같다고 하였는가? 아! 공
> 의 충성과 절개는 만고에 걸쳐서 해와 별처럼 빛나리라.

   김상헌은 「훈계자손가」 9수와 「오륜가」 9편의 시조를 지었고, 그 밖에 『가곡원류』 등에 여러 편의 시조가 전하고 있다. 그는 글씨에도 뛰어났다. 「훈계자손가」 9수는 '효제를 닦아라, 수신해라, 행실을 순하게 하라, 말을 삼가라, 싸움을 하지 마라, 허물을 고쳐라, 어질게 살아라, 몹쓸 일을 하지 마라, 부모를 공경하라' 등이고 「오륜가」 5수는 '부자지륜, 군신

지륜, 부부지륜, 장유지륜, 붕우지륜'으로 되어 있다.

> 이바 아이들아 내 말 들어 배워스라
> 어버이 효도하고 어른은 공경하여
> 일생에 효제를 닦아 어진 이름 얻어라

「훈계자손가」 첫 수이다.

부모에게 효도하고 어른을 공경하라는 가르침이다. 마지막 9수에서도 생활 예절을 익혀 부모를 공경하라고 가르치고 있다. 또한 글을 익혀 항상 미치지 못한 듯 열심히 공부하라고 권하고 있다. 개인적 정서나 예술성을 염두에 둔 시조라기보다 교육적인 측면에 염두를 둔 시조이다. 자손에 대한 그의 뜨거운 열정을 읽을 수 있다. 욕되게 살기보다 장렬히 죽어 충절을 세웠던 그였기에 자손에게 끼칠 교훈이나 영향에 대해 깊이 생각했을 것이다.

> 임금을 섬기오데 정한 일로 인도하여
> 국궁진췌(鞠躬盡悴)하여 죽은 후에 말아스라
> 가다가 불합(不合) 곳 하면 물러간들 어떠리

「오륜가」 5수 중 둘째 수이다. 임금을 바른 길로 섬기되 맞지 않다면 물러가는 것이 어떻겠느냐는 것이다. 제갈공명의 「후출사표」 마지막 구절 "凡事如是 難可逆見 臣鞠躬盡瘁 死而後已. 至於成敗利鈍 非臣之明所能逆觀也."에 나오는 '국궁진췌'라는 말을 인용했다. '국궁'은 '존경하는 마음으로 몸을 굽힌다'는 뜻이고 '진췌'는 '몸이 부서지도록 노력한다'는 뜻이다. '신은 다만 엎드려 몸을 돌보지 않고 죽을 때까지 애쓸 뿐'이

시조로 찾아가는 문화유산

라는 황제 유선에 대한 제
갈공명의 「후출사표」 마
지막 부분을 인용한 데서,
벼슬에 크게 연연하지 않
았으나 그의 임금에 대한
변함없는 충절을 읽을 수
있다. 강화성의 함락으로
순사한 인물이고 보면 이
구절의 울리는 정도를 짐
작할 수 있다.

김상용 순절비 · 인천광역시 기념물 제35호, 인천광역
시 강화읍 관청리 416번지 소재

조선 인조 때의 문신인 김상용 선생의 충의를 추모하
고 기리기 위해 세워놓은 비이다. 비각 안에는 2기의
비가 나란히 자리하고 있는데, 하나는 정조 때 공의 7
대손인 김매순이 세운 것이고, 다른 하나는 숙종 26년
(1700) 선생의 종증손 김창집이 건립한 것으로, 1976
년 지금의 자리로 비각을 옮기던 중 발견되었다.

사진 출처 : 문화재청

그는 성혼의 문인으로
광해군 때 대사헌 · 형조
판서 등을 지냈으며 인조
반정 후에는 집권당의 서인으로 우의정에까지 이른 인물이다. 인목대비
의 폐비로 벼슬을 버리고 7년간 유랑 생활을 하기도 했다. 그와 같은 부
침의 삶이 이런 시조를 만들어냈으리라 생각된다.

이런 시조도 있다.

> 사랑이 거짓말이 님 날 사랑 거짓말이
> 꿈에 와 뵈단 말이 귀 더욱 거짓말이
> 나같이 잠 아니 오면 어느 꿈에 뵈이리

임금이 그를 얼마나 사랑했기에 이런 시조를 지었을까 싶다. 높은 벼
슬에까지 이르렀으니 충분히 그럴 만도 했으리라. 물론 여인은 지은이이
고 님은 임금님일 것이다. 짝사랑일지는 모르겠으나 원망하는 여인의 심

정 같은 느낌이 든다. 원망할 정도라면 군신 간의 사랑이 어떠했는지 짐작할 수 있다. 여인이 사랑하는 사람에게 거짓말이라고 대뜸 쏘아붙이고는 님을 꿈에나 보려 했더니 잠이 오지 않아 만날 수 없다는 것이다. 그래서 꿈으로 보이겠다는 님의 말은 거짓말이라는 것이다. 먼저 결론을 말하고 나서 그 이유를 설명하고 있다.

그 동생에 그 형이고 그 선조에 그 후손이다. 척화파 김상헌이 형제이고, 급진개화파 김옥균, 청산리 대첩 김좌진이 그 후손이다.

문학적인 함축이나 여운이 우러나는 시조는 아니나 임금에 대한 충절이나 자손에 대한 교훈이 뜨겁게 묻어나는 시조이다. 동생 김상헌의 척화론에 영향을 주었을 것이고 이러한 충절이 모범이 되어 후손들에게도 깊은 영향을 주었을 것이다.

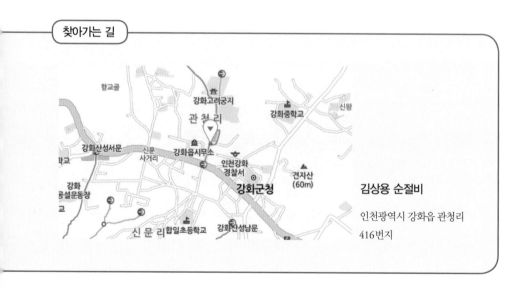

찾아가는 길

김상용 순절비

인천광역시 강화읍 관청리 416번지

시조로 찾아가는 문화유산

이덕일 「학문을 후리치고…」

李德一   1561(명종 16)~1622(광해군 14)

이덕일은 조선 선조 때의 의병장으로 본관은 함평, 호는 칠실이다. 선조 27년(1594) 무과에 급제했으나 기용되지 못했다. 정유재란이 일어나자 의병을 조직, 공을 세워 이순신 막하에 들어갔다. 이순신 전사 후 이정구의 천거로 절충장군이 되었으며 계축옥사 때 삭직, 51세에 낙향해 「우국가」 28수를 남겼다.

「우국가」는 「당쟁상심가」 「당쟁차탄가」 또는 「당쟁비가」라고도 하며 전란 이후의 당쟁과 광해군의 혼정을 개탄, 풍자하며 우국의 심경을 토로한 작품이다. 그는 시정의 위험에도 이 노래를 통해 하고 싶었던 말을 다 했다. 자탄, 충간, 계세 등 세 부분으로 나누어져 있다.

학문을 후리치고 문무를 하온 뜻은
삼척검 둘러메고 진심보국하렸더니
한 일도 하옴이 없으니 눈물겨워 하노라

공명을 원잖거든 부귀인들 바랄쏘냐
일간모옥에 고초히 혼자 앉아

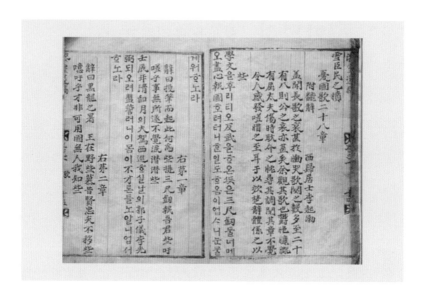

『**칠실유고(漆室遺稿)**』· 대전광역시 유성구 대학로 99 충남대학교 도서관 소장

사진 출처 : 왕실도서관 장서각 디지털아카이브

밤낮에 우국상시를 못내 설워하노라

첫 수는 학문에 힘쓰다 문무과에 급제, 조국을 구해보고자 했으나 기회
가 주어지지 않았다, 큰 공을 세우지 못해 눈물겨워한다는 자신의 처지를
한탄한 서두 부분이다.

둘째 수는 「우국가」의 결말로 작품을 쓰게 된 까닭을 노래했다. 자신
은 부귀공명을 바라지 않는다. 초간모옥에서 지내고 있으나 밤낮으로 나
라를 걱정하고 있다는 것이다. 나라 사랑하는 마음이 꾸밈없이 드러나
있다.

성 있으되 막으려 예 와도 할 일 없다

삼백이십 주에 어찌어찌 지킬 게오
아무리 신신정졸(藎臣精卒)인들 의거 없이 어이하리

통곡관산월(慟哭關山月)과 상심압수풍(傷心鴨水風)을
선왕이 쓰실 적에 누구누구 보온 게오
달 밝고 바람 불 적이면 눈에 삼삼하여라

첫째 수는 임란을 당해 성을 지키려 해도 군대의 체제가 허물어졌으니 여기 와서도 할 일이 없다, 삼백이십 주 고을을 어찌 지킬 것인가 한탄하고 있다. 임란 당시 조선의 지리멸렬한 상황을 그대로 보여주고 있다. 그는 의병을 일으켜 공을 세웠다. 이순신이 그를 불러 군기 통제의 일을 맡겼던 만큼 그는 임란 당시 조선군의 체제를 이렇게 걱정했다.

둘째 수에는 선조 임금이 의주에서 썼다는 어제시, 「용만서사(龍灣書事)」 구절 일부를 초장에 삽입시켰다. 국경의 끝에서 피란하고 있는 임금의 피맺힌 절규를 생각했다. 변방의 달을 보고 통곡하고 압록강의 바람 속에 상심한다는 임금님의 마음을 누가 살펴나 보았는가. 달 밝고 바람 불면 그런 동인이니 서인이니 따지는 당쟁이 눈에 삼삼한 것이다. 충심스러운 신하로 나라를 사랑하는 마음이 뭉클하다.

「용만서사」는 임란 당시 의주로 몽진한 선조가 조신들을 앞에 놓고 눈물로 읊은 어제시이다.

나라에 못 잊을 것은 이 밖에 다시 없다
의관 문물을 이토록 더럽힌고
이 원수 못내 갚을까 칼만 갈고 있노라

어와 거짓 일이 금은옥백 거짓 일이

장안 백만가에 누고누고 지녔는고

어즈아 임진년 티끌이 되니 거짓 일만 여기노라

첫째 시조는 「우국가」 서두 부분 세 번째 작품이고 둘째 수는 결말 부분 스물일곱 번째 작품이다. 이 땅을 짓밟은 왜적에 대한 적개심을 드러내고 있다. 의관 문물이 이토록 더럽혀졌으니 원수를 갚기 위해 칼을 갈고 있다. 금은 비단이 티끌이 되었으니 나라를 지키지 못하면 부귀영화도 이리 잿더미로 변하고 만다는 것이다. 뼈저린 교훈을 주고 있는 작품이다.

베 나아 공부 대답 쌀 찧어 요역 대답

옷 벗은 적자들이 배고파 설워하네

원컨대 이 뜻 알으셔 선혜 고루 하소서

위 시조는 「우국가」 열한 번째 작품이다. 물론 광해군에게 드리는 충간이다.

광해군 2년(1610)에 당시 경기 지방에만 시행하던 대동법을 전국적으로 확대, 실시할 것을 주장한 「대동강도소」를 올린 바가 있다. 백성들은 각종 세금과 부역의 고통에 시달리고 있으니 백성을 구휼하고 선정을 베풀라고 탄원하고 있다. 그의 우국의 마음이 절절히 녹아 있는 시조이다.

광해군 시대는 왕권의 불안과 당쟁의 격랑 그 자체였다. 국정의 혼란상에 대해 충심 어린 간언을 이렇게 시조로 읊었다. 그의 우국은 여기에서만 그치지 않았다.

말리소서 말리소서 이 싸움 말리소서

월산사 · 전라남도 함평군 대동면 향교리 426-1 소재

충무공 이순신과 칠실 이덕일을 제향했던 곳으로 최초 건립의 단서가 마련된 것은 1712년 이덕일의 사당이 마을 북쪽에 건립된 데에서 비롯되었다. 1731년에 이르러 호남 유림과 태학 유생들이 칠실 이덕일과 충무공 이순신이 왜란 중에 세운 공과 그들의 인연을 내세워 유적과 가까운 이곳 함평 월산에 충무공 이순신을 주벽으로 하여 이덕일을 배향할 것을 건의하고 현재의 자리에 월산사 개칭하였다.

지공무사히 말리소서 말리소서 말리소서
진실로 말리곳 말리시면 탕탕평평하리이다

나라가 굳으면 집조차 굳으리라
집만 돌아보고 나라 일 아니 하네
하다가 명당이 기울면 어느 집이 굳으리오

첫째 수는 「우국가」 열여섯 번째 작품이고 둘째 수는 스물여섯 번째 작품이다. 당쟁이 얼마나 심했으면 직설적으로 제발 그만두라고 직접 토로까지 했을까. 누가 있어 이 당파싸움을 좀 말려달라고 반복, 하소연하고 있다. 공평한 입장에서 이들의 싸움을 말린다면 당쟁이 사라진 탕탕평평한 세상이 되지 않겠느냐는 것이다. 임금에게 드리는 충언이 이렇게

이덕일 │「학문을 후리치고…」 199

도 간절했다. 당시의 당쟁의 정도가 어떠했는지 짐작이 간다.

　일에 전념한다면 나라도 강해지고 가정도 번창할 것이다. 자신의 명리에 나라 일은 안중에도 없으니 조정은 기울어지고 가정이나 개인인들 온전하겠느냐. 국가 대의를 위해 개인의 이익을 버리고 당쟁을 그칠 것을 당부하고 있다.

　광해군 시대에는 시인의 풍자나 비판이 용납되기 어려웠던 시대이다. 혼란한 정치 현실을 이렇게 직설적으로 표현한다는 것은 목숨을 내놓는 것이나 다름없다. 이 노래는 훗날 이기발에 의해 한역되기도 했다.

　한 사람의 작가가 '우국'이라는 단일 주제로 스물여덟 작품의 가곡을 남겼다는 것은 국문학사상 드문 일이다. 음풍농월류의 서정요가 아닌, 현실에 대한 담론이라는 점에서 국문학사상 기념비적 자료라고 할 수 있다.

　『칠실유고』가 사본으로 전하고 있으며 함평의 월산사에 제향되었다.

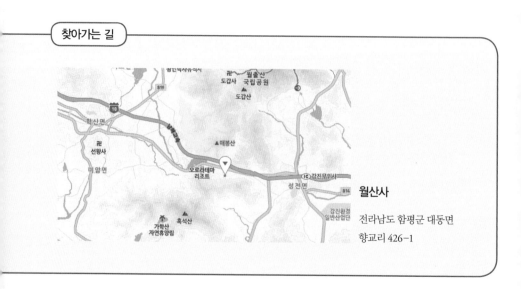

찾아가는 길

월산사

전라남도 함평군 대동면
향교리 426-1

시조로 찾아가는 문화유산

강복중 「천중에 떴는 달과…」

姜復中　　1563(명종 18)~1639(인조 17)

천중에 떴는 달과 강호에 헤친 모래

밝거든 좋지 마나 좋거든 밝지 마나

밝고도 또 좋은 월사와 아니 놀고 어찌하리

　강복중이 월사 이정구와 교우한 것을 읊은 「경증월사대감가(敬贈月沙大監歌)」 11수 중 한 수이다. 이정구는 한학 4대가의 한 사람이다. 작가는 호 월사를 하늘의 밝은 달과 강의 깨끗한 모래로 풀어 찬양하고 있다. 종장의 '아니 놀고 어찌하리'로 보아 두 분 간의 친분 정도를 짐작할 수 있다.

　하늘에 떠 있는 달과 강과 호수가에 흩어진 모래, 밝거든 깨끗하지 말고 깨끗하거든 밝지를 말아라. 밝은 저 달과 깨끗한 모래처럼 월사와 더불어 아니 놀고 어찌하겠느냐. 한 사람의 인품을 중의적으로 노래한 작품이다.

　강복중은 충청도 은진에서 태어나 가화로 인해 노성면 화곡리로 이사했다. 1602년 이사 온 지 11년 만에 다시 은진으로 돌아가 살았다. 시가 문학에 남다른 재능을 보였으며 일생을 시골에서 농사를 지으며 살았다.

갈마산 노소학이 장망에 머믈러서
김명재 비수검에 아니 죽고 살아났네
아무리 해삼면탕덕인들 긔나 이나 다르랴

1623년 지은 연시조로, 「천운순환칠조가(天運循環七條歌)」라고도 하며 「계해반정가(癸亥反正歌)」라고도 한다. 6수 중 한 수이다. 가집 『청계망사공유사가사(淸溪妄士公遺事歌詞)』에 전한다. 인조반정을 찬양하고자 쓴 시조이다. 자신이 김명재가 친 계략에 걸려서 죽을 지경이 되었다가 인조반정으로 풀려났다는 내용이다. 탕왕의 덕을 입어 풀려난 듯 살았다고 노래했다. 산송의 내막을 짐작할 수 있는 작품이다.

계해(癸亥) 삼월춘(三月春)에 뜻 가진 이귀(李貴)와 김류(金瑬)가
용천검(龍泉劍) 둘러메고 태평케 하단 말가
아희야 청려장(靑藜杖) 내어라 위로하러 가자

계해년(1623) 봄, (인조반정의) 뜻을 지닌 이귀와 김류가 보검을 들고 나라를 태평하게 할 것인가. 아이야, 푸른 명아주 지팡이를 내어라. 반정에 성공한 이귀와 김류를 위로하러 가겠노라. 인조반정에 성공하자 이 일을 축하하고 정국을 바로잡아달라는 자신의 소망을 드러내고 있다. 광해조에 정권을 잡았던 정적들을 용천검으로 베어버리고 나라를 서인 중심으로 이끌어가라는 자신의 정치적 견해를 분명하게 밝히고 있다.

흐롱하롱하여 일 없이 다닌다고
그 모르는 처자는 외다 하데마는
세상의 유정한 이귀를 아니 보고 어찌하리

「가인견의지행가(家人牽衣止行歌)」이다. 이귀가 인조반정에 성공하자 그것을 축하하기 위해 상경했다. 처자가 쓸데없이 돌아다닌다고 말린 모양이다. 이귀와는 산소를 대신 돌봐줄 정도로 가까운 관계였다.

대산(臺山) 일편석(一片石)을 세상이 버렸거늘
낙화(洛花) 진토(塵土)를 내쓸고 혼자 노니
건곤(乾坤)도 유정(有情)히 여겨 함께 늙자 하나다

「수월정청흥가(水月亭淸興歌)」 12수 중 한 수이다. 이 시조는 노년에의 처사로서의 삶의 아픔과 한, 시국에 대한 불만 등을 노래한 작품들이다.
대산의 한 조각 돌을 세상에 버렸거늘 떨어진 꽃과 땅 위의 먼지를 내쓸고 혼자 노니 천지도 측은히 여겨 함께 늙자고 한다. 포부를 펴보지 못한 신세를 '대산에 버려진 한 조각의 돌'이라고 비유하고 있다. 땅 위에 떨어진 꽃과 같이 논다고 자탄하지만 우주는 그러한 자신을 측은히 여겨 함께 늙자 한다니 자연과의 동화에서 위안을 찾으려 하고 있다. 「청계공가사(淸溪公歌詞)」와 「수월정청흥가첩(水月亭淸興歌帖)」은 1885년에 강내호(姜來鎬)가 편찬한 『중화재선생실기(中和齋先生實紀)』 중 「청계유사부(淸溪遺事附)」에 수록되어 있다.
그 외에 「위군위친통곡가(爲君爲親痛哭歌)」 「분산회복사은가(墳山恢復謝恩歌)」와 같은 장편 가사도 남겼다. 「위군위친통곡가」는 병자호란 때 연주충분과 우국경세를 노래한 작품으로 한문 사부와 같은 파격적인 산문시형으로 기술되어 있다.

(전략)… 애고 서룬지고 이내 뜻 어데 두리
내 나히 젊었으면 용천검(龍泉劍) 막야검(莫耶劍)

비수검(匕首劒)을 둘러메고
추풍낙엽(秋風落葉) 나좌 그리매 같은
세상의 분운(紛紜) 아해들을 신시경(身始輕)아
내 몸이 일장검 둘러쳐 다 베헤 바리고서
두만강(豆滿江) 말을 씻겨 장백산(長白山)에 기를 박고
살배만 통음(痛飲)하고 무용천(舞龍泉)을 아니하랴 …(후략)

「분산회복사은가」는 선산 회복에 대한 사은가이다. 「선산회복사은가」 「선산회복가」 「분산회복가」 또는 「사은가」로도 불린다. 「분산회복사은가」에는 조선 전기 가사에서 보이는 서정성은 줄어든 반면, 조선 후기 가사의 특징인 서사성이 두드러지게 나타난다. 형식 면에서 보이는 파격은 강복중이 형식의 정제된 매끄러움이나 아름다운 정서의 서술보다는 사실의 정확한 전달에 치중한 것으로 이해된다. 사실성이 점점 강조되는 조선 후기의 시대적 배경도 영향을 주었을 것으로 추측된다. 강복중이 어린 시절 선산의 변을 당한 내용과 사건의 개요, 일을 해결하는 과정 등에 이르기까지 사실적으로 소상하게 기술되어 있다.

「분산회복사은가」는 향토 사회에서 이루어지는 갈등의 일단을 보여줌으로써 당대의 시대상을 잘 반영하고 있다.

강복중이 16세에 투장(남의 산이나 묏자리에 몰래 자기 집안의 묘를 쓰는 일)을 해결하기 위해 60년 동안이나 관아를 드나들었으나 해결하지 못하고 있다 일생 동안 선산의 산변으로 송사에 시달렸는데, 72세 때 당시 부임한 충청감사 이안눌의 도움으로 선산을 회복하게 되었다. 이에 대한 반가움과 감사함을 노래한 작품이다.

70여 수의 시조 작품이 전하고 있으며 가사 작품과 함께 진정한 문학으로 당시의 생활상을 간접적으로 살펴볼 수 있는 매우 소중한 자료들이다.

시조로 찾아가는 문화유산

정훈 「뒷 뫼에 뭉친 구름…」

鄭勳 1563(명종 18)~1640(인조 18)

뒷 뫼에 뭉친 구름 앞들에 퍼지거다
바람 불지 비 올지 눈이 올지 서리 올지
우리는 하늘 뜻 모르니 아무럴 줄 모르리다

북인이 정변을 일으킨 것을 개탄하는 노래, 「탄북인작변가(歎北人作變歌)」이다. 광해군 5년 계축옥사 때의 심정을 읊었다. 정인홍, 이이첨 등이 박응서, 서양갑 등을 역모로 몰아 김제남, 영창대군을 죽이고 폐모론을 일으켰던 사건이다.

무슨 이변이 일어날지 모르는 폭풍우 직전 상황이다. 뒷산에 시커멓게 뭉친 구름이 앞들에까지 퍼져 있다. 바람이 불지, 비가 올지, 눈이 올지, 서리가 내릴지 알 수 없다. 우리는 천지조화의 이치를 알 수 없으니 어떻게 해야 할지 모르겠다는 것이다. 폐모살제의 옥사를 기상이변에 빗대어 표현하고 있다.

정훈의 호는 수남방옹이며 남원 사람이다. 고려 때 대제학을 지낸 현영(玄英)의 후손이며, 효도로 당대에 그 이름이 널리 알려진 능참봉 금암과 효부 조씨 부인의 둘째 아들이다. 형이 요사한 탓에 부모가 그에게 수학의 기회를 주지 않아 독학으로 공부했다. 양반 집안에 태어났으나 임진왜란·인조반정·병자호란 등을 겪으며, 관직에 나아가지 않고 평생을 남원 동문 밖 초야에 묻혀 77세의 일기로 세상을 떠났다.

그는 불의와 타협할 줄 모르는 강직한 성격이었다. 이괄의 난에는 노구에도 불구하고 의병을 모아 출전했으며 정묘·병자 양란에는 아들을 대신 출정시키기도 했다.

집을 지으려고 재목을 구하나니
천생 곧은 남글 어이하여 버렸는고
두어라 동량 삼으면 기울 줄이 있으랴

이항복, 이덕형, 이원익이 귀양 간 것을 탄식하는 노래, 「탄오성한음완평찬적가(歎鰲城漢陰完平竄謫歌)」이다. 선조의 뒤를 이은 광해군은 즉위 직후 왕위를 위협할 요소를 제거하기 위해 동복형인 임해군과 유일한 적통인 영창대군을 살해했으며, 인목대비의 호를 삭탈하고 경운궁에 유폐했다. 이덕형은 영창대군의 처형과 인목대비 폐모론을 반대하다 삭직, 양근으로 물러나 병으로 죽었고, 이항복도 폐모론에 반대하다 북청으로 유배되어 적소에서 죽었다. 이원익 역시 폐모론에 반대하다 홍천으로 유배되었다. 집을 지으려고 재목을 구한다면서 하늘이 준 곧은 나무를 왜 버렸느냐고 묻고 이들을 기둥과 대들보로 삼아야 집이 기울지 않으리라고 했다. 인재를 재목에 비겨 노래했으며 조정을 받치고 있던 대신들이 물러나 유배된 것을 이렇게 탄식한 것이다.

시조로 찾아가는 문화유산

이 몸이 젊었을 제 저 되놈 나고라쟈

곤륜산 이어 밟아 씨 없이 벨 것을

일장검 갈아 쥔 마음이 가고 아니 오노매라

병자호란 당시 강화도와 남한산성이 함락된 것을 탄식한 노래, 「탄강도함몰대가출성가(歎江都陷沒大駕出城歌)」이다. 강화도는 이미 함락되었고 임금이 청나라 태종에게 항복했다는 소식을 들었다. 자신이 젊었을 때 여진족 오랑캐들이 세력을 형성했는데 그때 곤륜산을 휩쓸어 정벌했더라면 지금의 치욕을 당하지 않았을 것이다. 그러나 이미 늙어 큰 칼을 갈아 쥐었던 기상은 사라지고 말았다.

그는 이렇게 당시의 사회 현실을 좌시하지 않고 대담하게 비판했다. 그 외에 「계해반정후계공신가(癸亥反正後戒功臣歌)」 「민여임청백찬가(閔汝任淸白讚歌)」 등도 국가 안위를 걱정하고 불의를 고발한 시조 작품들이다.

고발 가사 「성주중흥가(聖主中興歌)」가 있다. 61세 때 지은 가사로 성주는 인조를 일컫는다. 그는 충군애국심이 남달랐다. 그런 그가 폐모살제에 비분강개 · 절치통분하다 인조반정을 맞았다. 서인 세력은 선조의 손자 능양군을 왕위에 올리기로 하고 반정을 일으켰다. 그들은 인목대비를 복권하고 광해군을 폐위, 능양군을 왕위에 올렸다. 당시의 감격과 환희에 찬 심정을 읊은 것이다.

국가의 안위를 걱정하는 우국충정을 드러낸 「성주중흥가」 등과 달리 「수남방옹가(水南放翁歌)」 「용추유영가(龍湫遊詠歌)」 등의 가사에서는 관직에 나아가지 않은 대신 아름다운 자연 경관을 찾아다니며 그 심회를 시가로 표현하기도 했다. 정훈의 시가 작품은 독창적인 시어 선택과 대담한 자의식의 노출로 개성 있는 시세계를 창조했다고 평가받는다. 특히 시가 작품에서 보이는 고발 부분은 당시 다른 작품에서는 찾아보기 힘들다. 가사 5편과 시조 20편, 한시문 30여 편 등이 있다.

시조로 찾아가는 문화유산

이정구 「님을 믿을 것가…」

李廷龜 1564(명종 19)~1635(인조 13)

님을 믿을 것가 못 믿을손 님이시라
믿어온 시절도 못 믿을 줄 알았어라
믿기야 어려우랴마는 아니 믿고 어이리

'님을 믿을 것인가' 하면서도 못 믿을 건 님이라고 했다. 믿어온 시절
도 있었지만 변할 줄 알았다는 것이다. 믿기는 어려워도 아니 믿고 어이
하겠느냐는 것이다. 물론 여기서의 님은 선조이다. 마음이 변하는 군주
에게 일방적으로 충성해야만 했던 40여 년 벼슬살이가 그대로 묻어나
있다.

이정구는 하루아침에 관직이 일곱 계급이나 뛰어오르기도 했다. 그렇
게 선조로부터 인정받았던 그가 중국에 갈 때 역관을 제멋대로 늘렸다
는 사소한 문제로 외직으로 밀려난 적도 있었다. 이때 지은 작품으로 보
인다.

그는 장유·이식·신흠과 더불어 조선 중기 문장 4대가의 한 사람이
다. 유년 시절부터 문학적 자질이 뛰어나 8세 때 한유의 「남산시」를 차

연안이씨삼세비각 · 가평군 향토유적 제11호, 경기도 가평군 상면 태봉리 산115-1 소재

3대에 걸쳐 대제학을 지낸 이정구와 이명한, 이일상의 신도비가 있는 비각이다. 비각 안 가운데에 이정구 신도비가 있고, 오른쪽에 이명한 신도비, 왼쪽에 이일상 신도비가 있다. 비각 뒤편에는 이정구의 문집『월사집』을 간행하기 위하여 만든 목판을 소장하고 있는 장판각이 있다.

운했다고 전해진다. 명나라 양지원은 그를 호탕, 표일하면서도 지나치게 화려하지 않아 문장의 아름다움을 잘 보여주고 있다고 평했다. 장유도 고문대책의 신속한 창작 능력을 높이 평가했으며 정조도 그의 문장을 높이 평가했다.

그의 한시 한 편이다.

　　　이끼 낀 돌길을 혼자 오르니
　　　엷은 구름 풍경 소리 그윽도 해라
　　　"아이야, 스님은 어디 계시니?"
　　　"글쎄요, 앞산서 주무셨는데……."

　　　　　　　　　　　　　　　　시조로 찾아가는 문화유산

그는 문장뿐만 아니라 글씨에도 능했다. 중국어에도 능해 어전통관으로 명나라 사신이나 지원군을 접대할 때에도 조선 조정을 대표하여 많은 외교 활동을 벌였다.

조선이 왜병을 끌어들여 명나라를 치려 한다는 명나라 정응태의 무고가 있었다. 명은 크게 분노하여 조선을 침공해야 한다고 했다. 조정에서는 이정구로 하여금 변명 상소문을 작성케 하여 명나라에 전달했다. 명의 재상들이 그의 간곡한 글을 읽고 감동했다. 무고임이 밝혀지자 일개 신하의 망동으로 커다란 과오를 범할 뻔했다 하여 정응태에게 응분의 벌을 내렸다. 그는 이렇게 이웃 나라와의 돈독한 관계를 위해 외교에 있어서 문학적 재능을 십분 발휘했다. 세자 책봉 주청사로 명나라에 다녀오는 등 여러 차례 중국을 내왕했으며 중국 문인들의 요청으로 100여 장(章)의 『조천기행록』을 간행하기도 했다.

38세에 홍문관·예문관 대제학과 지성균관사가 되었다. 대성전 상량문을 지었는데 그때 왕이 쓰고 계시던 소모(貂帽)를 즉석에서 벗어 하사했다. 이정구는 이를 죽는 날까지 쓰고 다녔다고 한다. 그는 왕의 신임을 받아 병조판서·예조판서, 우의정·좌의정 등 조정의 중요 직책을 두루 역임했다

다음은 후일 정조 18년(1794)에 임금이 신하를 보내 치제한 제문이다.

말을 아는 어린이면 다 월사(月沙)를 알 것이니 덕망이 동국에 가득하고 명성이 중국에 떨치도다. 현인군자의 뒤가 크게 빛낼 것이니 이자팔손(二子八孫)이 천억으로 퍼지리로다. 내외 손자들이 첫째·둘째에 꼽히니 한량없이 축복이 나오는 근원이 있도다. 극사(克似)한 어진 위(尉, 영안위(永安尉), 즉 월사의 외손 홍주원. 정조의 어머니 혜경궁 홍씨가 그의 후손임)에게서 자궁(慈

宮)이 탄생하시니 왕가에 은혜하여 세세무궁하도다. 동경지세에
보본지총으로 이미 문경공(文敬公)에 제사하니 어찌 문충공(文忠
公)에 뒤할손가? 송각지측에 정승의 사당이 있으니 어떻게 왕실
을 도우리까. 번성함을 이어주소서.

　월사의 묘 앞에는 연안이씨삼세비각이 있다. 가운데 신도비가 월사의
것으로 효종 8년(1656)에 세웠다. 비문과 전서는 좌의정 김상헌이, 본문
은 영의정 이경석이 썼다.
　저서로 『월사집』 『대학강의』가 있다.

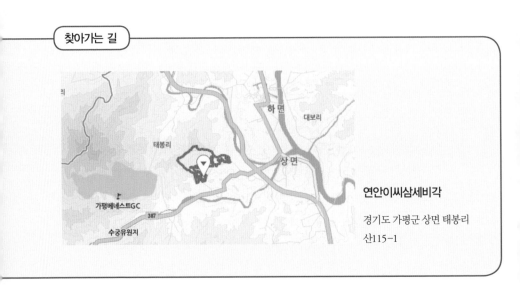

찾아가는 길

연안이씨삼세비각
경기도 가평군 상면 태봉리
산115-1

　　　　　　　　　　시조로 찾아가는 문화유산

신흠 「냇가에 해오랍아…」

申欽　1566(명종 21)~1628(인조 6)

　　광해군 5년(1613)의 일이다. 동래의 어떤 은장수가 말에 은을 싣고 한 양으로 가다 문경 새재에서 괴한들을 만났다. 거기에서 은과 목숨 모두를 잃었다. 알고 보니 그들은 소위 죽림칠우라 하는 박응서 · 서양갑 · 심우영 등 조정 고관의 서얼들이었다.

　　마침 대북파 이이첨은 소북파 유영경과 임해군 일파를 제거한 뒤 영창대군과 인목대비, 김제남도 제거하려던 참이었다. 한희길이 이이첨의 사주를 받아 박응서에게 접근했다.

　　"너는 죽을죄를 지었다. 내 말을 듣는다면 네 죄를 용서해줄 수 있다."

　　한희길이 박응서에게 귀엣말로 뭐라 속삭이니 박응서는 계속해서 고개를 끄덕였다.

　　"다시 한 번 묻겠다. 너는 어찌하여 그런 도둑질을 했느냐?"

　　"지금의 임금을 폐하고 영창대군을 새 임금으로 세우고자 거사 자금을 모으려고 한 것이옵니다."

　　박응서는 거짓으로 자백했다. 물론 이이첨의 계략이었다.

　　광해군은 신흠 등 일곱 대신과 그 외 수십 명을 가두고 인목대비의 친

정아버지 김제남과 그의 세 아들을 죽였다. 그리고 영창대군을 강화도에 위리안치했다가 강화부사 정항으로 하여금 소사시키도록 했다. 대북파가 소북파를 숙청한 대사건이었다. 이 사건으로 무고한 많은 선비들이 한꺼번에 죽임을 당했다. 이를 계축화옥이라 한다. 신흠은 다음과 같은 시조를 남겼다.

냇가에 해오랍아 므스 일 서 있난다
무심한 저 고기를 여어 므슴하려난다
아마도 한 물에 있거니 잊으신들 어떠리

냇가에 해오라기야, 무슨 일로 서 있느냐. 무심한 저 고기를 엿보아 무엇하려 하느냐. 아마도 한 물에 있으니 잊으신들 어떻겠느냐. 같은 조정에 있으면서 서로 협조할 일이지 다투어서 어디 쓰겠느냐. 겉으로야 점잖은 체 충고를 했지만 실은 피비린내 나는 계축화옥을 빗대어 말한 것이다. 해오라기는 반대파를 제거하려는 대북파 정치인들을, 고기는 선량한 선비들을 비유했다.

신흠은 조선 중기 때의 문신으로 호는 상촌이다. 이정구·장유·이식과 함께 조선 중기 한학 4대가의 한 사람이다. 계축화옥 때 파직되었고 1616년 인목대비 폐비 사건으로 춘천에 유배되었다가 1621년에 풀려났다. 1623년 인조반정 후 우의정으로 발탁되었고 1627년 정묘호란이 일어나자 좌의정으로 세자를 수행하여 전주까지 피난을 갔다. 같은 해 9월

영의정에 올랐다가 그 이
듬해 졸했다.

그는 일찍이 부모를 여
의었으나 학문에 전념, 벼
슬하기 전부터 문명을 떨
쳤다. 벼슬에 나가서는 서
인 이이, 정철을 옹호하다
동인의 배척을 받기도 했
다. 뛰어난 문장으로 선조
의 신망을 받았으며 외교
문서, 시문 정리, 각종 의

신흠 묘역 · 경기도 기념물 제145호, 경기도 광주시 퇴촌면 영
동리 산12-1 소재

신흠 신도비와 함께 경기도 기념물로 지정되어 있다.

사진 출처 : 문화재청

례 문서의 제작에 참여하는 등 문운의 진흥에 크게 기여하였다.

전원에 묻혀 유유자적한 삶을 노래한 시조도 있다.

산촌에 눈이 오니 돌길이 묻혔세라
시비를 열지 마라 날 찾을 이 뉘 있으리
밤중만 일편명월이 귀 벗인가 하노라

산촌에 큰 눈이 내리니 좁은 돌길이 눈에 묻혔구나. 시비를 열지 마라,
날 찾을 이 누가 있으리. 한밤중 한 조각 밝은 달빛, 그것만이 내 벗인가
하노라. 산촌에 숨어 사는 은자의 한적한 삶을 노래했다.

신흠은 파직된 후 10여 년을 전원, 유배지에서 머물렀다.

공명이 그 무엇고 헌신짝 버선이로다
전원에 돌아오니 미록이 벗이로다

백 년을 이리 지냄도 역군은이로다

1613년 계축옥사가 일어났다. 그는 선조로부터 영창대군의 보필을 부탁받은 유교칠신의 한 사람이었다. 이 때문에 파직, 김포에서 생활하다 1616년의 인목대비 폐위 후 춘천으로 유배되었다. 1621년에 풀려났으며 1623년 인조반정으로 이조판서로 다시 벼슬에 복귀했다.

벼슬에서 물러나 전원으로 돌아온 감회를 표현했다.

공명이 무엇이냐고 묻고 헌신짝 버선이라고 대답하였다. 전원으로 돌아와 사슴과 벗이 되어 자연 속에서 산다고 했다. 일생 이런 삶으로 산다 해도 이도 임금의 은혜라고 했다.

그는 「현옹자서」에서 "조화의 큰 길을 가겠다", "삶을 대관(大觀)하고, 자신을 드러내려고 하기보다는 재주나 학식을 감추려고 한다"는 뜻을 밝혔다. 그는 주자학, 노장사상, 불교, 양명학 그 어떤 것에도 치우치지 않은 다원적 태도를 가진 인물이었다. 그래서 높은 관직, 유배, 가난, 공명에 대해서도 언제나 담담한 마음으로 일관했다.

서까래 기나 짧으나 기둥이 기우나 트나
수간모옥(數間茅屋)을 작은 줄 웃지 마라
어즈버 만산나월(滿山蘿月)이 다 내 것인가 하노라

그는 파직 후 김포 상두산 선영 아래에 두 칸 모옥 '하루암'을 짓고 살았다. 서까래가 길거나 짧거나 기둥이 기울었거나 틀어졌거나 두서너 칸 밖에 안 되는 초가가 누추하다고 웃지 마라. 나는 산 가득 풀 덩굴 사이로 비친 달빛을 즐기면서 살겠다고 했다. 자연 지향의 세계관을 보여주고 있다.

도포서원 현판 · 강원도 지방기념물 제21호, 강원 춘천시 서면 신숭겸로 272-21 장절공기념관 소장

현판은 1786년(정조 10) 김경직의 후손 김의협이 썼다. 현재 도포서원에는 장절공 신숭겸, 신흠, 김경직이 배향되어 있다.　　　　　　　사진 출처 : 강원한문고전연구소

> 신선을 보려 하고 약수를 건너가니
> 옥녀금동(玉女金童)이 다 나와 묻는구나
> 세성(歲星)이 어디나 간고 그 날인가 하노라

　신선을 만나려고 멀고 먼 신선 세계인 약수를 건넜다. 약수는 신선이 살고 있다는 중국 서쪽 전설 속의 강으로 길이가 삼천 리나 되며 부력이 매우 약해 기러기의 털도 가라앉는다고 한다. 선녀와 선동이 다 나와 묻는다. 세성이 어디 있는가? 그게 바로 나라는 것이다. 자신은 세성이라는 별이 되었다는 것이다. 신선 지향 사상을 보여주고 있다.

> 준중(樽中)에 술이 있고 좌상(座上)에 손이 가득
> 대아공문거(大兒孔文擧)를 고쳐 얻어볼꺼이고
> 어즈버 세간여자(世間餘子)를 일러 무엇하리

　후한의 공융이 "자리에는 손님이 늘 차 있고, 술통 속에 술이 비지 않으면 근심이 없다(座上客常滿樽中 酒不空吾無憂矣)"라고 한 말을 들어 그를 다시 본받겠다는 것이다. 대아공문거는 공융을 말한다. 이 말은 후한 말의 북해태수 공융이 관직을 그만둔 후 평생 소원이라며 한 말이다. 공융은 공자의 20대손으로 문필에 능한 건안칠자의 한 사람이다. 당시 세력을 확장하고 있던 조조를 비판, 조소하다 일족과 함께 처형되었다.

세상의 나머지 사람들의 눈치를 살필 것 없이 세상의 번뇌를 잊기 위해 한바탕 취흥에 빠져보자는 쾌락적 사상을 보여주고 있다.

『상촌집』 30권이 전하며, 시조 31수가 『청구영언』에 전하고 있다. 인조 묘정에 배향되었고, 강원도 춘천의 도포서원에 제향되었다.

한문장 4대가의 한 사람인 신흠. 조선 최고의 시인이면서도 그도 어쩔 수 없이 정치에 연루, 유배 생활을 했다. 유배 생활은 그에게 주옥 같은 한시와 시조들을 남겨놓게 했다.

힘들게 살았어도 훗날 사람들에게 행복을 줄 수 있다면 그 사람은 분명 행복하게 산 사람이다. 신흠은 그 이상의 인물이다.

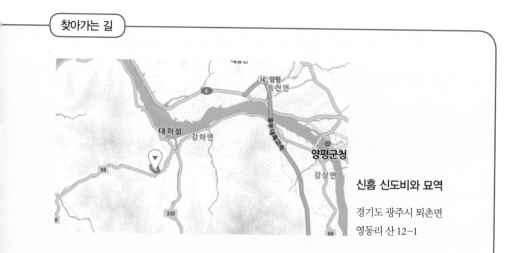

찾아가는 길

신흠 신도비와 묘역

경기도 광주시 퇴촌면
영동리 산 12-1

시조로 찾아가는 문화유산

장만 「풍파에 놀란 사공…」

張晩　　1566(명종 21)~1629(인조 7)

　　장만은 선조, 광해, 인조 시대에 걸쳐 활약한 문신이면서 무신이다. 임진왜란, 정묘호란을 거친 난국의 핵심 인물로 국경 방어에서 탁월한 능력을 보여준 국방 전문가였다. 인동 장씨로, 호는 낙서, 시호는 충정이다. 주화파로 유명한 최명길이 그의 사위이다. 선조 때 문과에 급제하여 성균관과 승문원을 거쳐 예조좌랑을 지냈으며, 봉산군수, 충청감사를 거쳐 병조참판 등을 지냈다. 광해 14년(1622) 병조판서로 있을 때 대북의 난정을 상소했다 왕의 노여움을 샀다. 그는 벼슬을 그만두고 고향인 통진(현 김포)으로 돌아가 두문분출했다,

　　인조반정 후에는 팔도도원수로 기용되었다. 이괄의 난을 진압한 공으로 1등공신이 되었으며 정묘호란 때에는 도체찰사였으나 적을 막지 못한 죄로 부여로 유배되기도 했다. 전공이 있다 하여 복관되었으며 문무와 재략을 갖춘 무장으로 사후 영의정에 추증되었다. 통진의 향사에 제향되었으며 저서로는 『낙서집』이 있다.

　　　　풍파에 놀란 사공 배 팔아 말을 사니

구절양장이 물도곤 어려워라

이후란 배도 말도 말고 밭 갈

기만 하리라

험난한 시대에 동분서주했던 자신을 되돌아본 시조이다. 임란 후 조정과 변방에서 국가 방위 체제 정비를 위해 진력하다 물러난 심정을 노래한 것이 아닌가 생각된다. 통진 아니면 만년의 부여에서 지었을 것으로 보인다.

장만의 초상화 · 경기도 유형문화재 제142호, 경기도 용인시 기흥구 상갈로 6 경기도 박물관 소장　　사진 출처 : 문화재청

풍파에 놀란 사공이 배를 팔아 말을 사니 험난한 산길이 물길보다 더 어렵다. 사공이나 마부나 어렵기는 마찬가지이다. 사공도 마부도 그만두고 농부로 늙겠다는 것이다. 세상의 어려움을 온몸으로 부딪치며 살아왔던 그에게도 어렵기는 다 마찬가지인가 보다.

1628년 인조는 다시 장만을 불렀으나 그는 거듭 사양했다. 그의 행장 기록이다.

공이 변방에서 수고를 계속한 지 10여 년 만에 병을 끌어안게 되었고, 이괄의 변란 때는 병든 몸을 수레에 싣고서 밖에서 지내

시조로 찾아가는 문화유산

다가 왼쪽 눈이 실명되었다. 여러 차례 환란을 겪다 보니, 병은 더욱 고질이 되었다. 유배지에서 돌아온 이후로는 항상 문을 닫고서 일에서 손을 떼고자 하여, 나오라고 하여도 조정에 나아가지 않는 등, 다시 인간세상에 마음이 없었다.

1629년에 스스로 쓴 그의 춘첩이다.

내 나이 예순넷, 포의(布衣)로서 최고로 영달하였네. 전원으로 물러가는 것이 첫째 소원, 저세상으로 돌아가는 것이 그다음 소원이라네. 이 밖에 구하는 것 없나니 신명이 내 마음 비춰주리라.

그는 선조에서 인조 대에 이르는 난국의 최일선에서 국경 방어에 온 힘을 기울였던, 국가의 위기를 막은 뛰어난 관리였다. 『국조인물고』는 이렇게 말했다.

공은 만년에는 병이 들어 지내고 더 이상 당대에 뜻이 없었는데, 논자들은 모두 말하기를 "만일 나라에 갑자기 급한 일이 벌어지면 공은 비록 병이 들었을지라도 오히려 누워 있는 상태로 나라를 보호할 수 있을 것이다"라고 하였다. 여러 장수들 중에 공이 죽었다는 부음을 들은 사람들은 평소에 공을 알고 있었거나 모르고 있었거나를 막론하고 서로 흥분하면서 말하기를 "장성(長城)이 무너졌다"고 애도했다. …(중략)… 임금께서는 공의 충성을 그리워하고 백성들은 공의 공로를 칭송하니 좋게 시작하고 아름답게 끝맺었다.

찾아가는 길

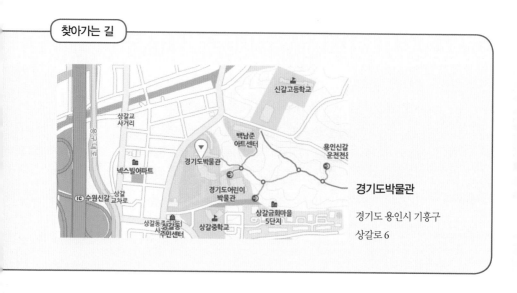

경기도박물관

경기도 용인시 기흥구
상갈로 6

시조로 찾아가는 문화유산

김덕령 「춘산에 불이 나니…」

金德齡　　1567(선조 즉위년)∼1596(선조 29)

춘산에 불이 나니 못다 핀 꽃 다 붙는다
저 뫼 저 불은 끌 물이나 있거니와
이 몸에 내 없는 불이 나니 끌 물 없어 하노라

김덕령이 죽기 전에 지었다는 「춘산곡(春山曲)」이다. 억울하고 원통한
화자의 심정을 '불'이라는 제재를 통해 토로하고 있다. 불은 임진왜란을
지칭하고 있다. 한창 임진왜란이라는 엄청난 재난에 못다 핀 꽃들의 봄
산에 불이 붙었다는 얘기이다. 그 불이 온 나라를 덮었다 해도 끌 수 있
는 물은 있는데 이 몸의 연기 없는 불길은 끌 수가 없다는 것이다. 이 몸
이 억울한 죽음의 문턱에 이르렀으니 얼마나 비통한 심정일까는 짐작하
고도 남음이 있다.

김덕령은 선조 때의 의병장으로 자는 경수, 광주 석저촌 출신으로 성
혼의 문인이다. 임진왜란이 일어나자 담양부사 이경린·장성현감 이귀
의 천거로 종군 명령이 내려져 전주의 광해분조로부터 익호장군의 군호
를 받았다. 그는 권율 휘하에서 의병장 곽재우와 함께 여러 차례 왜병을

충효동 정려비각 · 광주광역시 기념물 제4호, 광주광역시 북구 충효샘길 7 소재

김덕령과 그의 부인 흥양 이씨, 형 김덕홍, 아우 김덕보 등 일가족의 충효와 절개를 기리기
위해 나라에서 마을 앞에 세운 비석과 비각이다.　　　　　　　　　　사진 출처 : 문화재청

격파하였다. 그는 도체찰사 윤근수의 노속을 군중을 어지럽힌 죄로 장살
하여 체포된 적이 있었으나 왕명으로 석방되었다.

　충청도 부여에서 이몽학의 반란이 일어났다. 그는 도원수 권율의 명을
받아 진주에서 운봉까지 진군했다가 이미 난이 평정되었다는 소식을 듣고
도중에 진주로 환군했다. 그러나 이몽학과 내통하였다는 신경행과 한경의
무고로 체포 · 구금되었는데 이때 20여 일 동안 혹독한 고문으로 옥사했다.

　　장군이 말했다.

　　"나는 나라의 후한 은혜를 입어 맹세코 적을 격멸하고자 하는
　데, 어찌 역적을 추종하여 반역을 꾀할 수 있단 말입니까?"

　　"신이 만일 딴 뜻이 있었다면 처음에 어찌 도원수의 영을 받
　들어 이몽학을 치려고 운봉까지 갔겠으며, 이몽학이 생포된 뒤
　에 또 어찌 병을 인솔하고 본진으로 돌아갔겠습니까? 다만 신은

상중임을 불고하고 의병을 일으켰으나 재공이 없어 충의를 펴보지 못하고 되려 효도만 손상케 하였으니, 이는 신이 죽을죄를 지은 것입니다. 또 신은 죽는다 해도 최담령은 죄가 없으니, 청컨대 신 때문에 최담령까지 죽이지는 말아주십시오."

임금께서 제신들에게 물었다. 정탁 공과 김응남 공 등은 '김덕령이 틀림없이 반역하지 않았을 것입니다' 라고 힘써 말하였으나 영상 유성룡만은 대답이 없었다. 임금께서 괴이히 여겨 유성룡에게 물었다.

유성룡이 대답했다.

"이 뒤에 만일 어떠한 생각지 않았던 일이 생긴다면 김덕령같이 용맹한 자를 놓아주었다가 다시 잡아들일 수 있을는지는 신이 알지 못하겠습니다."

마침내 옥중에서 죽으니, 나이는 29세요, 때는 병신년 8월이었다.

『국조인물고』

당시의 억울하게 모함을 받은 비통한 심정이 이 시조에 그대로 녹아 있다.

석주 권필이 꿈에 책 한 권을 얻었는데 충용장군 김덕령의 시집이었다. 그 시집의 첫 편이 다음의 「취시가(醉時歌)」였다. 김덕령 장군이 선조 때 시인 권필의 꿈에 나타나 자신의 억울함을 하소연하는 노래를 부르자 권필이 시를 지어 원혼을 달랬다는 이야기가 전하고 있다. 전남 광주에 그와 관련된 정자 취가정(醉歌亭)이 있으며 그 옆에 권필의 「취시가」 시비가 있다.

취했을 때 노래하니 이 곡 듣는 사람 없구나

취가정 · 광주광역시 문화재자료 제30호, 광주광역시 북구 환벽당길 42-2 소재

나는 달과 꽃에 취하기를 원치 않으며
공훈을 세우는 것도 원하지 않는다
꽃과 달에 취하는 것도 뜬구름이요
공훈을 세우는 것도 뜬구름이로다
취할 때 노래하니 내 마음 알아주는 이 없지만
다만 긴 칼 차고 명군 받들고저

  석주는 얼마 있다가 꿈에서 깨어나 창연히 이를 슬퍼하였다. 그리하여
그를 위하여 절구 한 수를 지었다.

지난날 장군은 금창을 쥐었는데
충성과 장렬함 도중에 꺾이니 어찌하랴
지하에 묻힌 영령의 끝없는 한

시조로 찾아가는 문화유산

분명 한 곡조 취시가로구나

『동야휘집』에서 이 시들을 본 하겸진이 한희령에게 말했다. "충용에게
는 시집이 없고 있다 해도 꿈속에 얻었다는 것은 황탄하다. 이것은 석주가
명을 다하지 못한 장군을 깊이 통한하여 여기에 붙여 지어냈을 것이다."
한희령도 웃으면서 "옳습니다. 저의 뜻도 역시 그러합니다"라고 하였다.＊
　권필조차도 김덕령의 억울하고도 안타까운 죽음을 이렇게 시로 표현
한 것이다.

　이후 김덕령 구전설화들이 생겨났다. 이 설화들은 조선 후기 사회상과
결합되어 능력을 발휘해보지도 못하고 억울하게 죽임을 당한 김덕령을
주인공으로 하고 있다. 문헌에서는 김덕령의 죽음을 이몽학의 난에 연루
되어 억울하게 당한 것으로 기록하여 실제 행적과 유사하게 설명하고 있
지만 구전설화는 이와 다르게 나타난다. 임진왜란이 끝난 뒤 김덕령이
용력이 있으면서도 출전하지 않았다고 하여 나라에서 역적으로 몰아 죽
이려고 했으나 죽일 수가 없었다. 이때 김덕령이 "나를 죽이려면 '만고충
신 효자 김덕령'이란 비를 써달라"고 요구하여 그대로 하자 "내 다리 아
래의 비늘을 뜯고 그곳을 세 번 때리면 죽는다"고 알려주어 죽음을 당했
으며, 죽은 뒤 비문의 글자를 지우려고 해도 더욱 또렷해지자 그냥 두었
다 한다.＊＊

　김덕령 설화는 역사와 설화의 관계를 여러 변이를 통해 다양하게 보여
주고 있다. 김덕령의 억울한 죽음에 대한 향유층의 동정은 실제로 김덕

＊　　하겸진, 『동시화』, 기태완・진영미 역, 아세아문화사, 1995, 257~258쪽.
＊＊　국어국문학편찬위원회 편, 『국어국문학 자료사전』, 한국사전연구사, 2002, 501쪽.

김덕령의 백명겹직령포 · 전라남도 중요민속자료 제111호, 광주광역시 북구 송강로 13 충장사 소장

1965년 광산 김씨의 무덤들이 모여 있는 광주 무등산 이치에서 김덕령 장군의 묘를 이장할 때 출토되었다.　　　　　　　　　　　　　　　　　　　사진 출처 : 문화재청

령이 가졌던 용력을 과장하여 도술의 차원으로까지 확대하여, 그의 죽음도 스스로 선택한 것으로 미화까지 했다. 이 설화는 『임진록』 『임경업전』 등의 역사군담소설 형성에 많은 영향을 주었다. 생애와 도술을 묘사한 작자 · 연대 미상의 전기소설 『김덕령전』도 있다.

김덕령은 1661년에 신원되어 관작이 복구되고, 1668년 병조참의에, 1681년 병조판서에 추증되었다. 1788년 정조는 김덕령에게 '충장공'이란 시호와 정려비를 내리고, 그가 태어난 마을에 '충효리'란 이름을 하사했다. 그리고 1789년에는 종1품 좌찬성을 추증했다. 김덕령은 죽고 나서 200년이 지나서야 하늘 아래 부끄럼 없는 이름을 남겼다.

광주시 북구 금곡동에는 김덕령의 충훈을 추모하고 있는 사당 충장사가 있으며 또한 형 덕홍 · 아우 덕보와 함께 병향된 의열사가 있다. 지금

　　　　　　　　　　　　　　　　시조로 찾아가는 문화유산

충장사(충장공 김덕령 사당) · 광주광역시 북구 송강로 13 소재

경내에는 김덕령의 영정과 교지가 봉안되어 있는 사우 충장사, 동재와 서재, 은륜비각과 해설비, 유물관, 충용문, 익호문 등이 세워져 있다. 유물관에는 전라남도 중요민속자료 제111호로 지정된 김덕령 장군 의복과 장군의 묘에서 출토된 관곽, 친필 등이 전시되어 있다. 사당 뒤쪽 언덕에는 김덕령의 묘와 묘비가 있으며 가족묘도 조성되어 있다.   사진 출처 : 광주광역시

의 광주시 한복판의 충장로는 의병장 충장공 김덕령 장군의 충정을 기리기 위해 붙여진 지명이다.

무등산 기슭 석저촌(현 충효동)에서 태어난 김덕령 장군은 뜀바위에서 담력을 키우고, 삼밭실에서 무예를 닦는가 하면 백마능선에서 흰 말을 타고 달리면서 기개를 키웠다고 전해지고 있다. 광주의 민중들은 충장공의 기개가 무등산에서 비롯됐고 그 정신이 광주의 정신이라 얘기들을 하고 있다.

그가 죄 없이 죽음에까지 이른 것은 그의 결백을 가려주지 않은 조정 중신들의 혼란한 당쟁, 그의 용력을 시기한 다른 장군들의 무고, 이몽학

이 군졸을 모으기 위해 그의 이름을 내세웠던 점, 그리고 그를 의심한 용렬한 왕 때문이었을 것으로 생각된다.

안타까운 인물이 어디 김덕령뿐이랴만 두고두고 반추하며 거울로 삼아야 할 인물이다.

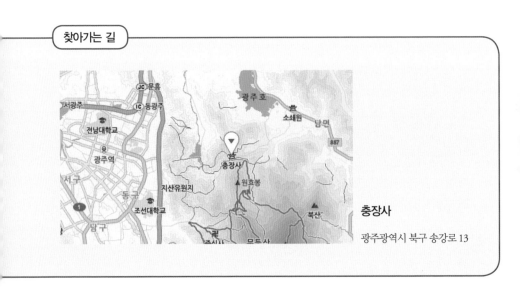

찾아가는 길

충장사
광주광역시 북구 송강로 13

시조로 찾아가는 문화유산

정온 「책 덮고 창을 여니…」

鄭溫   1569(선조 2)~1641(인조 19)

광해군 6년, 영창대군이 강화부사 정항에게 죽임을 당했다. 정온이 부사직으로 재임할 때였다.

"전하, 강화부사 정항을 참수하소서."

정온은 처형의 부당함을 상소하다가 투옥되었다. 그가 옥으로 가는데 어느 노파가 그를 위해 축원했다.

"하늘이시여! 하늘이시여! 현인이 옥중에서 죽지 않게 하소서."

옥졸들도 서로를 경계하며 정온을 존경했다. 정항이 말했다.

"공의 의리에 감복했다. 의리가 너무나 뛰어나 공을 따라갈 수 없다."

정호관도 말했다.

"나는 천고의 죄인을 면치 못하리라."

그리고는 날마다 술을 마시다 죽었다.

이원익과 심희수 등의 극구 반대에도 광해군은 그를 제주도 대정으로 유배, 10년간 위리안치시켰다. 선생이 옥중에서 나오자 그를 보느라 도성 사람들이 떼를 이루어 수레가 다닐 수 없을 정도였다(『국역국조인물고』).

오현단 · 제주특별자치도 기념물 제1호, 제주특별자치도 제주시 오현길 61 소재

충암 김정, 규암 송인수, 청음 김상헌, 동계 정온, 우암 송시열을 모시고 있다.

"죄 지은 자가 살기에 적합하구나."

제주에 도착하자 정온은 이렇게 탄식하고는 스스로를 고고자(鼓鼓子)
라 했다.

그가 풀려나올 때는 벌써 수염과 머리칼이 다 세었다. 집에 돌아온 뒤
에 제일 먼저 늙으신 어머니를 찾아갔다. 그때 어머니는 여든 살이 넘었
다. 이 광경을 보고 감격의 눈물을 흘리지 않는 자가 없었다. 그런데 어
머니는 손을 잡고 웃으며, "오늘에야 우리 아들을 만나보는구나" 하고,
멀리 떨어져 서로 그리워하던 표정을 전혀 보이지 않았다. 그 광경을 본
사람들은 감격하며 "이러한 어머니가 있은 다음에야 이러한 아들이 있
을 수 있다"고 칭찬하였다.＊

병자호란 때는 김상헌과 함께 척화론을 주장했다. 왕은 결국 청 태종

＊　신정일, 『신정일의 새로 쓰는 택리지 7 : 제주도』, 다음생각, 2012.

에게 항복했다. 정온은 자
결하려 했다.

"임금이 이처럼 치욕을
당하였는데, 신하가 감히
죽는 것을 아까워할 수 있
겠는가?"

그는 새벽에 일어나 통
곡했다. 의복과 이불을 정
제하고 누워서 패도를 뽑
아 배를 찔렀다. 시종이 이
불을 젖히고 보니, 패도의

동계정선생유허비 · 제주특별자치도 서귀포시 대정읍 보성리
1733 소재

칼날이 뱃속으로 전부 들어가버렸다. 깜짝 놀라 울부짖으며 칼을 빼내자
선혈이 솟아나오며 한참 동안 캑캑하다가 숨이 끊어졌는데, 조정의 벼슬
아치 중 아는 사람들이 찾아와 구하였다. 임금이 그 말을 듣고 측은히 여
겨 내의를 보내어 투약한 끝에 죽었다가 살아났다(『국역국조인물고』).
그때의 참담한 심경을 정온은 이렇게 읊었다.

임금의 욕됨이 극도에 이르렀는데
신하로서 죽음이 아직 더디었는고
생선을 버리고 곰의 발바닥을 취할 때는
바로 이때가 아닌가
임금 행차를 모시고 항복하러 나가는 것을
나는 참으로 부끄러워 여기나니
한 칼로 인을 성취하여 죽음에 나가는 것을
집에 돌아가듯 여기리로다

그 후 벼슬을 버리고 고향으로 들어갔다.

"주상이 욕을 당했으니 신하의 죽음은 이미 늦었다. 무슨 마음으로 나라에 조세를 바치며 처자식을 봉양하며 살 수 있겠는가."

정온은 고향 근처 금원산 골짜기에 들어가 초가집을 짓고 '구소(鳩巢)'라 불렀다. 거기서 산을 일구며 조를 심고 생계를 이어갔다. 그는 해가 바뀔 때마다 책력을 보지 않고, 세속과 발길을 끊은 채 꽃 피고 자라는 것으로 계절을 짐작했다. *

낙향 5년 후 생을 마쳤다.

> 책 덮고 창을 여니 강호에 배 떠 있다
> 왕래 백구는 무슨 뜻 먹었는고
> 앗구려 공명도 말고 너를 좇녀 놀리라

정온의 고향은 경상도 안음현 역양리이다. 이 시조는 벼슬에 나가기 전이거나 낙향했을 때 지었을 것이다. 공명에 뜻을 두지 않고 강호에서 자연과 벗하며 살겠다는 것이다.

일생은 그의 생각대로 전개되지 않았다. 늦게 벼슬길에 나섰다. 언제나 명분을 앞세우며 현실에 타협하지 않고 소신과 절개를 지키며 살았다. 그러한 강직한 성품 때문에 세상의 많은 어려움을 겪었다. 자연에 동화되어 살고 싶은 마음을 그는 이 시조에서 토로하고 있다.

책을 읽다가 창을 연다. 강호에는 배가 한가로이 떠 있고 갈매기는 이리저리 날고 있다. 갈매기는 무엇을 생각하고 있는지 지은이는 묻고 있

---

* 　신정일, 앞의 책.

모리재 · 경상남도 유형문화재 제307호, 경상남도 거창군 북상면 농산리 673 소재

선생의 학문을 추모하며 공부하였던 곳이다.

사진 출처 : 문화재청

다. 아서라, 공명을 쫓지 않고 자연과 함께 살아가는 갈매기, 너를 쫓으며 살겠노라.

'앗구려'는 강조의 뜻을 나타내고 있으며 공명에 연연하지 않고 살겠다는 그의 의지의 표현이다. 원칙에 살다 원칙에 죽은 강직한 그의 성품이 그대로 나타나 있다.

현재 제주 대정읍 보성초등학교 정문에 동계정온선생유허비가 있다. 훗날 제주목사 이원진도 『탐라지』에 다음과 같은 시를 지어 그를 기렸다.

> 대정 동문에 유허가 있는데
> 십 년 동안 쫓겨난 신하가 살았었네

소나무 네 그루는 한 길이 될 만하고
대나무 천간은 계단을 드리웠으리라
인사의 부침을 어찌 물을 것인가
세간의 영욕은 본래가 허무한 것을
영주는 특이한 지역이라
가아를 시켜 반주를 치게 하네

영의정에 추증되었고, 광주의 현절사, 제주의 귤림서원, 함양의 남계
서원에 제향되었다. 그가 마지막까지 은거했던 거창에 그를 기리는 사당
모리재가 있다. 「덕변록」과 「망북두시」 「망백운가」를 지어 애군우국의
뜻을 토로했다. 저술에 『동계문집』이 있다.

그는 학문을 게을리하지 않았으며 제주 사람들에게 글을 가르쳤다. 이
때문에 제주에서는 정온을 제주오현의 한 사람으로 추앙했다. 남명 조식
의 학맥을 이었으며 절개와 충절이 높은 선비로 평가되고 있다.

찾아가는 길

모리재

경상남도 거창군 북상면
농산리 673

시조로 찾아가는 문화유산

박계숙 「비록 대장부라도…」

朴繼叔   1569(선조 2)~1646(인조 24)

　　박계숙의 자는 승윤 호는 반오헌이다. 그는 무과에 급제, 부훈련원
정·지중추부사를 지냈고 임진왜란 때 순종공신이 되었다. 임란 때 일등
공신 박홍준의 아들로 수훈을 세운 무관이기도 하다. 박계숙과 그의 아
들 취문이 변방에 부임하면서 쓴 일기가 『부북일기(赴北日記)』이다. 박계
숙의 일기가 24장, 그의 아들 취문의 일기가 55장, 모두 79장으로 되어
있다. 거기에는 '초심사석(初心似石)'에서 '여금춘동침(與今春同寢)'으로
까지 풀어가는 과정이 자세히 묘사되어 있다. *

　　　비록 대장부라도 간장이 쇠가 돌이겠느냐
　　　뜰 앞의 예쁜 여인 경계를 삼았더니
　　　성중의 호치단순을 잊을 수가 없구나

　　　…(중략)… 어제 저녁 어둠을 틈타 와본즉 "많은 손님들이 있
　　어서 돌아갔나이다"라고 말하거늘, 더불어 이야기하며 해가 지

---

*　　박을수, 『시화, 사랑 그 그리움의 샘』, 아세아문화사, 1994.

고 저녁이 되었다. 남아의 탕기로 반년이나 집을 떠나 있으니 어찌 춘정이 없겠는가. 처음에 먹었던 마음을 잊고 춘정을 이기지 못하여 붓을 들어 한 수 시를 지어주다.

을사 12월 27일 세밑, 돌과 같은 마음이 서서히 녹아감을 토로하고 있다. 성중은 관할 구역이다. 호치단순은 아름다운 여인을 말한다. 예쁜 여인을 보고 경계를 삼았지만 아름다운 금춘을 보니 잊을 수가 없다는 것이다.

당우도 친히 본 듯 한당송도 지내신 듯
고금 이치 통달한 명철인 다 어디 두고
동서도 분별 못하는 무인 사랑 주어 무엇하리

…(중략)… 이날 아침 애춘이란 애가 아름다운 금춘을 데리고 방에 들어오니, 그 아름다움이 옛날 서시의 아름다움이요 왕소군의 절색이라, 비단옷을 입은 모습은 가을 구름에 숨은 달과 같고, 푸른 버들가지에 눈이 돋은 듯하며 연못에 비친 연꽃과 같았다.
금춘의 자는 월아, 노래를 잘하며 바둑도 둘 줄 알아 모르는 것이 없었고, 또 거문고와 가야금에 능했다. 저녁이 되도록 이야기하니 어찌 능히 춘정이 없겠는가, 처음 먹었던 돌 같던 마음이 서서히 풀려가다.

기생 금춘의 화답이다. 당우(唐虞)는 요 임금과 순 임금을 가리키고 한당송(漢唐宋)은 나라 이름들이다. 훌륭한 재사, 문인들이 다투어 정을 주겠다는데 동서도 구별 못 하는 무인에게 정을 주어 무엇하겠느냐는 것이다.

시조로 찾아가는 문화유산

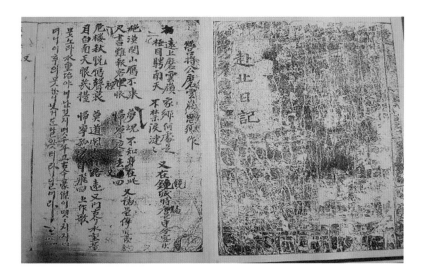

부북일기 · 울산광역시 유형문화재 제14호, 울산광역시 남구 두왕로 277 울산박물관 소장

울산에 살았던 울산 박씨 박계숙과 박취문 부자의 일기이다. 박계숙은 1605년에, 박취문은 1644년에 함경도로 파견되어 약 1년간 군관으로 복무하였으며, 그것에 대한 일상생활을 자세히 기록하였다. 이 일기는 조선시대 무관이 남긴 것이라는 점에서 희소가치가 크다. 경상도 울산에서 함경도 회령에 이르는 노정이 하루도 빠짐없이 기록되어 있다.   사진 출처 : 문화재청

근엄한 척하지만 낙양성의 벌나비로다
광풍에 날려서 여기저기 다니다가
변방의 예쁜 꽃가지에 앉아보고 싶구나

저절로 우러나오는 고백이다. 체면이 무슨 필요가 있겠는가. 나 역시 벌나비이다. 바람에 이리저리 날려 아름다운 당신의 꽃에 앉아보고 싶다는 것이다.

아녀자의 짐짓 농담 대장부 믿지 마오
문무가 일체임을 저도 잘 알고 있다오

하물며 늠름한 대장부께 정 아니 주고 어쩌리

　무신이고 무인이면 어떻습니까? 정말 날 아껴주고 사랑해준다면 여자
로서 만족할 것입니다. 솔직하고 우직한 정부의 넓은 가슴이 그리운 아
녀자입니다. 당신의 뜻을 따르겠다는 뜻이다.
　박계숙은 금춘과 더불어 동침했다. 그들의 뜨거운 가슴은 북국의 설한
풍을 녹이고도 남았을 것이다. 다음은 그날의 일기이다.

> 이날 밤 나는 금춘과 더불어 베개를 베고 같이 잤다. 서로를
> 사랑하는 견권지정이 깊었다. 김공은 여자를 가까이하는 일이
> 전혀 없었는데, 애춘이와 함께 사랑을 불태웠다.

찾아가는 길

울산박물관
울산광역시 남구 두왕로 277

시조로 찾아가는 문화유산

권필 「이 몸이 되올진대…」

權韠   1569(선조 2)~1612(광해군 4)

광해군 초 왕비의 오라비 유희분을 비롯한 유씨들이 조정 요직을 차지, 세력을 떨쳤다. 광해군 3년(1611) 과거시험에 선비 임숙영이 당시 시정을 비난하는 풍자글로 급제했다. 광해군이 이를 보고 노해 합격을 취소했다. 권필이 그 말을 듣고 시를 지었다. 이것이 외척 유씨들의 전횡을 비난한 유명한 「궁류시(宮柳詩)」이다. 궁류는 왕비 오라비 유희분을 풍자한 것이다.

> 궁궐 뜨락 버들은 푸르르고 꽃잎은 어지러이 흩날리는데
> 온 성안의 벼슬아치들은 봄빛을 받아 아양을 떠는구나
> 태평성대라 즐겁다고 조정에서는 함께 축하하건만
> 그 누가 위태로운 말을 한갓 선비에게서 나오게 하였던가

순화군 보의 장인으로 승지를 역임한 문신 황혁이 이이첨의 무고로 역신으로 몰렸을 때 몰수된 그 집 문서에서 이 시가 발견되었다. 이것을 광해군이 본 것이다. 물론 이이첨의 간계였다. 광해군은 권필의 시를 보고

못마땅해했다. 권필은 의금부에서 혹독한 고문을 당하고 경원으로 귀양 가게 되었다.

이항복이 광해군 앞에 엎드렸다.

"전하, 한낱 선비의 시를 어찌 형장으로 다스리시나이까. 전하의 성덕에 누가 되올까 염려되옵니다."

권필은 귀양길에 올랐다. 동대문 밖 주막에 이르러 이별주를 청했다. 그는 고문으로 이미 초주검이 되어 있었다. 다시 시 한 수를 읊었다.

> 그대에게 다시 한 잔 술을 권하노니
> 술은 주호의 무덤에 가지 못한다
> 삼월이 다 가고 사월이 오니
> 복사꽃이 빗발처럼 어지러이 떨어지는구나

그는 취토록 마셨다. 그러나 혹독한 매질을 당한 몸이라 거기서 숨을 거두고 말았다. 밖에는 복사꽃이 붉게 떨어지고 있었다.

광해군이 이 소식을 듣고 중얼거렸다.

"하룻밤 사이에 어찌 갑자기 죽는단 말인가."

후회한들 무슨 소용이 있으랴. 천재 시인 한 분이 이렇게 해서 갔다.

이항복은 탄식했다.

"우리가 정승으로 있으면서 석주를 살리지 못했으니 선비를 죽인 책망을 어찌 면할 수 있을꼬."

조선 시대에 많은 선비들이 사화로 억울한 죽음을 당했다. 그러나 시 때문에 목숨을 잃은 사람은 권필밖에 없다. 「궁류시」 하나로 필화를 입은 유일한 시인이었다. 경기도 일산 감내 야산에 묻혀 있다. 행주역사공

석주 권필 선생 유허비 · 강화군 향토유적 제27호, 인천광역시 강화군 송해면 하도리 892번지 소재

사진 출처 : 『서울신문』

원에 그의 시비가 있고 강화군 송해면 하도리에 유허비가 있다.

　　　　이 몸이 되올진대 무엇이 될꼬 하니
　　　　곤륜산(崑崙山) 상상봉(上上峰)에 낙락장송(落落長松) 되었다가
　　　　군산(群山)에 설만(雪滿)하거든 홀로 우뚝하리라

　그는 많은 풍자시를 썼다. 물론 '군산'은 간신을, '낙락장송'은 자신을 말한 것이다. 이 몸이 될진대 무엇이 될꼬 하니 곤륜산 상상봉에 낙락장 송 되었다가 많은 산에 눈이 가득하거든 홀로 우뚝 서리라. 비분강개, 선 비의 기상을 엿볼 수 있다. 성삼문이 그랬듯, 죽음을 앞두고 썼던 시조같

이 느껴져 비장하기까지 하다.

권필은 조선 중기의 현유로 본관은 안동, 호는 석주이다. 조선조 초 성리학자 권근이 그의 6대조이다. 자유분방하면서도 대쪽 같은 선비로 벼슬에는 뜻이 없었다. 불의에 타협하지 않고 일생을 꼿꼿하게 살았다. 한때 동몽교관이란 벼슬이 제수되었으나 나아가지 않고 강화에서 많은 유생들을 가르쳤다. 선조는 그의 시 몇 편을 보고 찬탄하여 항상 서안 위에 두었다고 한다.

석주의 형제가 다섯인데 모두 시로써 명문이 높았다. 그는 초시, 복시에도 장원을 했으나 글자 한 자를 잘못 써서 출방당했다. 그 후 그는 과거 공부를 미련 없이 던져버렸다.

권필은 대대로 현석촌에서 살았다. 젊어서 정철의 풍류를 사모해 그가 강계로 귀양 갔을 때 이안눌과 함께 그곳을 찾았다. "이번에 천상의 두 적선(謫仙)을 보았구려" 하며 정철은 매우 기뻐했다.

> 텅 빈 산 나뭇잎 지고 비는 부슬부슬 내리고
> 재상의 풍류는 이리도 적막한데
> 슬프다, 술 한잔을 다시는 올리지 못하니
> 예전의 그 노래가 바로 오늘 아침 일이라네

권필이 정철의 무덤에서 그의 풍류를 아쉬워하며 지은 칠언절구 「과정송강묘유감(過鄭松江墓有感)」이다.

허균은 석주의 시를 두고 "절세가인이 분 바르지 않고서, 구름도 가던 길을 멈출 듯 아름다운 목소리로 등불 아래서 우조·계면조를 부르다가 곡조가 아직 끝나지 않은 채로 일어나 가버리는 것 같다"고 말했다. 김석주는 "기이한 봉우리에 구름이 이는 듯, 깎아지른 벼랑에 안개가 가득한 듯"하다고 비유했고 김만중은 "권석주는 각 시체에 두루 능했다"고 말했다. 홍만종은 "석주의 시는 참으로 하늘이 내려준 것이 아닐 수 없다"고 했다. 석주는 이렇게 천부적인 시재를 타고난 시인이었다.

작품으로는 한문소설 「창맹설」 「위경천전」 「주사장인전」 「주생전」 등이 있으며 유저로 『석주집』이 있다.

어떤 사람의 집이 큰 태창 옆에 있었다. 그 사람은 장사도 하지도 않고, 농사도 짓지 않았다. 그런데 매일 저녁 나갔다가 밤이면 돌아왔다. 반드시 다섯 되의 쌀을 가지고 왔다. 어떻게 얻었는지 물어봐도 알려주지 않았으며 그의 처나 아이들도 알지 못했다. 수십 년을 이렇게 했다. 그가 먹는 것은 쌀밥이었고 그의 옷도 화려했으나, 그의 집은 언제나 텅 비어 있었다. 그 사람은 죽음에 이르러 은밀히 자식을 불렀다.

"창고의 몇 번째 기둥 가까이에 구멍이 뚫려 있다. 크기가 손가락만 하다. 쌀이 그 안에 쌓여 있는데 그 구멍이 막히면 나올 수 없다. 너는 손가락만 한 나뭇가지로 구멍을 맞춰 넣으면 쌀이 흘러나온다. 하루에 다섯 되가 되면 그치고, 남을 만큼 되면 취함이 없도록 하라."

그리 말하고는 죽었다.

맏아들은 그렇게 했다. 음식과 의복이 아버지가 살아 있을 때와 똑같았다. 얼마가 지나자 아들은 구멍이 적어 많이 취할 수 없음을 한탄하고는 구멍을 크게 뚫어 하루에도 여러 말을 얻었다. 그것도 부족해서 더 크게 뚫다가 그만 관리에게 들키고 말았다. 간교함 때문에 그는 결국 죽임을 당했다.

슬프다, 좀도둑의 악행이여. 참으로 만족할 수 있었더라면 역

시 그 아버지와 같이 몸을 보전할 수 있었을 텐데. 참으로 만족
할 수 없어 몸을 죽게 하였구나. 백성의 자식이 이와 같았으니,
하물며 군자가 만족할 줄 아는 것이야. 나아가 천하의 큰 이익을
얻고서도 만족할 줄 모르는 사람이야.

우언적 작품「창맹설」이다. '곳집(관청의 창고) 옆의 (도둑)백성 이야
기'라는 뜻으로, 『석주집』제1권에 실려 있다.
천하 제일가는 부자, 어느 누구라도 만족할 줄 모르면 제대로 몸을 보
신할 수가 없다. 안분지족의 삶이야말로 오늘날에도 새겨들어야 할 명언
이 아닐까 싶다.

찾아가는 길

석주 권필 선생 유허비

인천광역시 강화군 송해면
하도리 892번지

시조로 찾아가는 문화유산

찾아보기

인명, 용어

시조로 찾아가는 문화유산

작품, 도서

시조로 찾아가는
문화유산